別冊 淡海《おうみ》文庫 21

サンライズ出版

目標は高く 希望は大きく

―ヴォーリズ先生ご夫妻に育てられて―

安藤 清 著

はじめに

ある集まりで一柳《ひとつやなぎ》先生ご夫妻（ウィリアム・メレル・ヴォーリズ、一柳満喜子《まきこ》）の話になり、「私は若い頃、ご夫妻のお宅で二年間起居させいただきました」と話したところ、「ご夫妻と生活を共にして見聞したことについて、言葉は悪いが遺言のつもりで文章にして遺しておいてくださらんか」との言葉をいただき、「それならば」と、あまりよく見えない眼を見開いてワープロに向かい、少しずつキーを叩いて拙文を綴りました。

もうみなさんは、メレル先生のことはよくご存じのことでしょうが、キリスト教伝道のため明治三十八年（一九〇五）にアメリカから来日されました。そして伝道活動のほか、建築家として実業家として、教育者として数多くの業績を残されました。

不幸にも、祖国アメリカ合衆国と日本が対立したことで、メレル先生もたいそう辛いお立場であったこともありました。本年（二〇一四年）はメレル先生没後五十周年ということで、様々な事業が計画されています。時の経過は早いもので、私も老いたものだと感慨ひとしおです。

一方、満喜子先生は旧大名家に生まれ、アメリカのブリン・マー大学で学び、帰国後、メレル先生と出会い、幾多の困難を克服して結婚された方です。ご結婚後は、近江八幡で、ご専門の幼児教育を始め、現在の近江兄弟社学園の礎となる教育事業を展開されました。

私は昭和二十七年（一九五二）に二十四歳で近江兄弟社学園小学校の教師となりました。一柳先生ご夫妻のご自宅を最初に訪れた際、満喜子先生から「あなたは独身寮には入れません。私たちの手許で育てますから、寝具は一柳家宛てに送りなさい」とのお言葉をいただき、以来二年余、寝食を共にさせていただいたのです。

リビングルームの床に上敷きと布団を敷いて眠りについた毎日でした。しかし、床の上に寝ようが少しも不満はなく、ただご夫妻に不肖な自分を育てていただける感謝の気持ちでいっぱいでした。

両先生の生い立ちや経歴を知る度に「自分は何という幸せ者だろう」との思いが日を経つにつれて湧き上がってきます。ご一緒に生活した時期はちょうど、私の一生の土台を築く時期だったので、よけいに感謝の気持ちでいっぱいです。今も朝夕お二人の写真に感謝を捧げております。

昭和三十八年(一九六三)から四十六年(一九七一)までの八年間は、小学校の校長としてお仕えしました。

当時は教師の人数に限りがあり、学級担任を兼任しての教師生活でした。私が校長の辞令を受けた時はまだ三十四歳で、県下の公立学校の慣例を破った異例ともいえる抜擢でした。理事会から指名されたからにはお応えしなければという思い、自分も若さと情熱と勇気を胸に秘めて任を全うしました。

メレル先生が「私は神様の描かれた設計図を完成するための一道具に過ぎな

い」という心を胸に抱いて二十四歳の若さで、単身一寒村の八幡に赴任され、あらゆる苦難を克服して切り抜かれた信念を、一柳先生ご夫妻のご自宅で寝泊まりして感得したことも重い任に就いた一因ともいえます。

一柳家での生活は懐かしく、私が結婚した後も家族でお邪魔して両先生のご指導を受けていたため実際に見聞きしたことも多く、思い出も多いはずです。ところが、あまりにも長い時間が経過したのか私の年齢のせいか忘れたこともあるようです。少しずつ思い出しながら話すような気持ちで書きました。

ご夫妻の名前を知っていても、また部分的な接触や仕事面でのご指導を受けていても、生前のお二人の私生活に直接に接した人は少ないと思われます。両先生に接した人の立場や時期により、また接し方の違いによっても両先生への想いも異なるでしょう。仕事の面でご指導を受けた時には、厳しさのみが心に残っていることもあるでしょうし、接する期間の長短によっても人々に印象は大きく異なろうと思います。

それぞれの立場により、事実についての見誤りや聞き誤りもあるのでしょうが、ここに記しましたのは、私が二十四歳から、両先生がこの世の使命を終えられて天国にお還りになる日までお仕えし接し得た感想を書きとどめるようにしました。

平成二十六年一月

著　者

目次

ヴォーリズ家での暮らしは驚きの連続

軽井沢でのひと夏の出来事　昭和二十八年夏

近江兄弟社小学校での教員生活

結婚そしてヴォーリズ家を離れる

琵琶湖畔に息づくヴォーリズ夫妻の志

一柳先生ご夫妻との出会い　昭和二十七年十一月

昭和二十七年（一九五二）、私はかぞえの二十四歳になっていました。名古屋の旧制中学校を出てから、英語ができるということで京都の呉服屋で社長秘書の職を得たのでした。ところが、子どものころからの教師になりたいという夢を断ち切ることができず、せっかくのご厚意に応えることなく、自宅に戻り、教師への道筋を漠然と待っていたのでした。

そんな私を見かねたのでしょうか、母はいつの間にか手を回してくれていたらしく、ある日、突然に、一通の封筒を差し出しました。

開いてみると、近江兄弟社学園（近江八幡市）の教務部職員として図書館にお務めだった方から、学園での勤務の紹介状でした。

母が長浜教会でお出会いしてお願いしたとのことでした。

ただぼんやりと教師になりたい夢を見ていた自分が恥ずかしくなり、不甲斐ない息子がいつまでも行動を起こすこともなく、漫然と日々を過ごしていたにもかかわらず、ひそかに自分の出来る範囲で、事を運んでくれた母の姿に、熱い思いが吹き出したものでした。

私は昭和四年一月二十七日、六人兄弟の末っ子として生まれましたが、実母は私が三歳の時に亡くなったのでほとんど母の記憶がありません。その後父が再婚した枝貴《えき》が実際には私を育ててくれたのです。

彼女は敬虔なクリスチャンで、その影響もあり、私もミッションスクールに入学し、やがて教師になりたいという気持ちをもっていたのです。ところが自らの将来の道を切り開くことすらできず、漫然と過ごしていたことは、この時大変恥ずかしく思ったものです。せっかく就職したにもかかわらず、自分のわがままで、一年も経たないうちに実家に戻るなど、どのように叱られても当たりまえだったのですが、母は真剣に私の将来を案じて、大変な努力を払ってくれたのだと、今も深く感謝しています。

ただ、こうした思いを生前の母に伝えることができず、母との別れの時に至るまで「おかあさん」のひと言が口に出なかったことは、痛恨の思いでいっぱいです。

それはさておき、子どものころからの夢であった教師への道が開かれると思うと嬉しくなって、早速その日のうちに準備をして翌日、東海道線で名古屋から近江八幡に出かけました。

近江八幡に降り立ったのは、この時が初めてです。この時には、終生、ここで生活するとは全く思ってもみなかったことでした。

手紙に書かれているとおり、近江八幡駅からバスを乗り継ぎ、近江兄弟社学園の事務室に学園長を訪ねました。

この学園長が生涯にわたって私の生き方に大きな影響を及ぼした一柳満喜子先生だったのです。

学園の事務室を訪ねると

「満喜子先生は、今日はご自宅におられます。そちらにどうぞ」

と、事務の方が、満喜子先生のご自宅へ案内してくださいました。

ご自宅の玄関のベルを押すと、中から、上品な老婦人が出てこられました。満喜子先生との最初の出会いでした。

お出かけになろうとしていたようでしたが、紹介状をお渡しすると、さっと目を通され、

「そうですか。まあ、お入りなさい。ただし、忙しいから五分間だけね」

と、にこやかにリビングルームへ通されました。

この時すでに満喜子先生は、学園長のほか近江八幡市の教育委員をお務めになるなど、お忙しい方でした。私がそれまでに出会った年配の女性とは、私に接する態度、お話しされる様子など何もかもが、大きく異なり、受け答えはハキハキされていました。

「忙しいから五分間だけね」と最初にはっきり申し渡されたのには、驚くと同時に敬愛の念を深くしました。

私は初対面だったこともあり、かなり緊張した面持ちで用件のみをお伝えするのが精一杯でした。

そんな硬直した私に対して、満喜子先生はやさしいまなざしながらも、きっぱりと、

「ここはね、メレルと創立した学園で三歳児から高校生までの一貫教育を試みているのよ。ところで、あなたの教えたい教科は何？」

と聞かれました。

子どもの頃から夢に見ていた教師への道が開かれるのだと思うと嬉しくなり、大きく胸を張り、少し自信ありげに
「中学の英語です」

とはっきりと答えました。ところが、少し間があったように思いますが、にこやかな笑顔はそのままながら、左右に、首を振りながら、

「英語と音楽はこの学園では駄目よ。だって、生き字引がいるのよ。あなたの担任は、幼稚園か小学校ね、どう、小学校をやってみない？　小学校なら来てもらってもいいわよ」

と、ご自身でなにもかも決めてしまわれました。

私が弁明する余地など少しもなく、英語の教師は駄目、小学校なら許可すると、はっきりとおっしゃいました。少しばかり自信があっただけに残念だったのですが、不思議とその時には、

「ありがとうございます。一生懸命頑張ります」

と答えるのが精一杯でした。お目にかかった時には「忙しいから五分しか時間が取れない」と、おっしゃったのでしたが、私の進路を決定後の満喜子先生は試験官のごとくに、私の生い立ち、家族のことをお聞きになりました。

私も正直に自分のこれまでのことを包み隠さずお話ししました。

初対面にもかかわらず、温かい眼差しを向けられるとスルスルと、言葉が出てきてしまい、自分でもびっくりするぐらいに話し込んでしまったのです。

最初に五分だけといわれたのに、いつの間にか一時間を過ぎてしまっていました。私も洗いざらい、随分とお話ししたのでしたが、静かにお聞きいただいていました。

話が一段落すると、

「せっかくだから、学園を見ていきなさいよ」

と椅子から立ちあがって、ドアの方に歩まれました。私も急いで満喜子先生に続きました。

お出かけになろうというところに押しかけた私だったのでしたが、満喜子先生は気さくに校内を案内してくださることになったのです。

初めて見る近江兄弟社学園は、公立の学校とずいぶん違っていました。門を入ると芝生があり、校舎は白い壁や赤い瓦屋根で、体育館にはスチームの鉄管も付いていました。さらに驚いたことには、三歳児の使うトイレは水洗式だったのです。

戦後まもない時代、日本で水洗トイレは大変珍しい頃です。それなのに、ここでは、欧米の施設を取り入れた設備が整っていたのです。

案内いただく校内施設のそれぞれに驚いていると、

「今日はこれでおしまいね。この次は、私の家に荷物を送ってくださいね」

そう言い終わると二階へ上がってしまわれました。

「お忙しい中ありがとうございます」

と深々と頭を下げて感謝したものです。

この時、満喜子先生とは、本当に、初対面だったのでしたが、何年も前からの知り合いのように接していただき、すっかり嬉しくなりました。


このようにして、私の人生を大きく変える事態が決定したのです。

当時、近江兄弟社学園では独身の教師は、独身寮（地塩寮）に入ったのですが、私はここに入らず、一柳先生ご夫妻が住む、一柳邸に住み込むことになったのです。
いまでも、どうして私が満喜子先生のご自宅に住むようになったのか、その訳を知ることなく過ごしてきています。後に
「私たちはあなたを自分の子どもとして教育します」

育ての母「枝貴」と名古屋の初江叔母とともに

とおっしゃったことがありますが、当時、その理由を尋ねたこともなく、ましてやその後、詳しく伺うこともしておりません。ただ、いまもなお、お二人から愛情溢れる接し方をしていただいたことだけが私の大きな喜びであり、深く感謝しているのです。

紹介状を持って名古屋を出たときは、不安と期待の入り混じった気持ちで、車窓の風景もなにも目に入りませんでした。ところが、学園を出て近江八幡から名古屋に戻る車中では、車窓から見える景色もはっきりと目に映え、十二月も近い晩秋の山々や田畑の美しさを堪能することができました。

満喜子先生の心の広さと深さ、そして、わがままともいえる私を支えてくれる母の愛に対して胸が詰まってきました。

帰宅するなり、母に即決で、採用されたことを告げると

「よかったわね、それでは、早速に荷物作りね、布団も用意しましょう」
と、わが事にように喜んでくれました。私自身も大変心配をかけていただけに、大いに安堵したものです。

十二月になると、荷物をチッキ（国鉄時代の荷物を送る方法で、乗車券と引き替えに下車駅で荷物を受け取る）送りにして、近江八幡へ向かいました。

一柳先生宅に直行してベルを押すと、先輩である浦谷道三《みちぞう》先生の奥さんが出迎えてくださり、早速に日常生活のルールをご指導いただきました。

まずは今夜からのことからでした。リビングルームに入り、ここで、今夜から寝る方法を説明していただきました。

浦谷道三先生は、昭和五年（一九三〇）に近江兄弟社に入社後、同志社大学神学科に学び、渡米後、近江兄弟社中学、高校長を歴任された方で、終生、近江兄弟社の教育現場を支えてこられ、昭和四十二年（一九六七）には満喜子先生の後任の学園長として活躍されました。

そして、浦谷夫人は、道三先生を側面的に支えると同時に、ヴォーリズ夫妻の日常生活や身辺の様々なシーンで献身的に尽くしてこられた方です。

ヴォーリズ夫妻は、終生、建造物など一切を私的所有されていませんでしたので、当然この住居も近江兄弟社の所有物でした。ここには、ご夫妻とともに身の回りをお世話する浦谷夫妻がお住まいになっていました。

そしてここには満喜子先生ご夫妻と浦谷先生ご夫妻とそのご子息のほかに、満喜子先生の甥の広岡さんがお住まいされていたので、私の個室はなく、リビングルームの一角が私の場所として与えられたのです。

さらに、満喜子先生が直接に指導される兄弟社学園関係の子女が半年から一年ぐらいの期間を限って日常生活を共にする中から、女性としての教養や作法を学んでいましたので、とても賑やかな大所帯でした。
長い間、ご夫妻とともに生活する浦谷夫人は、ここでの生活について、面食らう私に親切にご指導くださいました。

浦谷夫人はなんでも物事をてきぱきと処理される方で、これからの私の生活についてのレクチャーを受けました。のちに、私の子どもたちも浦谷夫人を「おびちゃん」と言いよく慕っておりました。

「このリビングルームは、昼間は音楽教室なので、あなたは、寝る前に椅子を片隅に移動させて、上敷きを広げて布団を敷いて寝てください。朝は布団を部屋に戻し、掃除をして椅子を元の形にして、音楽教室として使えるように準備してください。それが終われば朝食です」
「はい、わかりました。ご迷惑をかけないようにきちんと生活します」

と明るい気持ちで答え、浦谷夫人の指示に従い、荷物の整理を終えました。

さあ、ここで新しい生活を始めると思うと、気持ちがウキウキしてきました。早く学園に馴染みたいと思ったものです。荷物の整理を終えて、午後二時ごろ学園に向かいました。

学園では満喜子先生がにこやかに迎えてくださいました。

「よく来たわね。今は、あなたのいる場所はないので、私の部屋へいらっしゃい。あとで小学校を案内するわ」

と言いながら、二階の学園長室へ入れてくださいました。

学園長室は事務室と部屋続きの部屋で、四人も入れないほどの狭さでした。満喜子先生は幼稚園の園長も兼ね、自ら采配するために、ここで保育指導をしておられたのでした。

当時の近江兄弟社学園は、幼稚園・小学校・中学校・高等学校がありましたが、それぞれは、各責任者に任されていました。そして、それらを指揮する立場におられたのが満喜子先生だったのです。

午後三時になって園児らが帰った後、小学校に行き、研究室で先生方に紹介してくださいました。

研究室は真ん中に長い机といくつかの椅子が置いてあるだけなので、普通の学校の教員室とは随分と雰囲気が違います。ここではいったい、何をするのかと呆然と立ちすくんでしまったのです。すると、

「どう、不思議なのね。先生方の場所は教室なのよ。この研究室では空いている時間に調べものをするのよ」

と、教えてくださいました。

「明日からは、ここから幼小中高を回って研修してください。一貫教育校だから参考になりますよ。近いうちに、総合教師会がありますから、みなさんにはその

機会にご紹介しましょう。今夜は私の家ですね。では、またね」

用件を言い終えると満喜子先生は、さっさと、ご自身の部屋に戻られ、残された私は、満喜子先生より一足先に先生宅に戻って、身の回りを整理していました。

いよいよここでの新しい生活が始まると思うと、自然と笑みが溢れ、自分なりに、気分一新、再出発への決意を固め、大きく深呼吸をいたしました。

その時、帰宅されたらしい満喜子先生が「メレル、メレル」と誰かを呼んでおられる声がしました。

「この家には外国人のお手伝いさんでもおられるのかな?」

と思いながら気配を感じて見上げると、立派な外国の老紳士の姿がありました。

「メレルよ」

という満喜子先生の声に、驚いて立ち上がると、老紳士はにっこりと笑みを浮かべて、静かに手を差し出されました。そして、柔らかく温かい手で握手をしてくださいました。

　これがメレル先生との初めての出会いでした。

「メレル」「マキ」と呼び合うお二人は、お互いを信じ、尊敬し合う仲でおられることが無言のうちに示されています。当時、私の知る限りの家庭にはない不思議な雰囲気を感じたものでした。


　その夜は夕食をいただきながら、メレル先生のお話を伺いました。先生が二十四歳で日本に来られたとお聞きし、当時の自分の年齢と重ね、不思議な因縁を感じました。それ以来いつも、

〝自分はメレル先生と同じ年齢の時に近江八幡に来た。メレル先生をお手本にして生きていこう。一柳先生ご夫妻の志を学んで自分の生き方としたい〟

と願っていました。

その夜は浦谷夫人に教えられたとおりに布団を敷いて休みました。一柳先生ご夫妻と同じ屋根で暮らす二年半の日々はこうして始まったのです。

翌朝、予定どおり六時前に起きて片付けと掃除、椅子をならべた後、朝食をいただきました。

ここでの食事は浦谷夫人が中心に仕度をされ、満喜子先生が直接指導される学園関係者の子女がお手伝いをします。メレル先生ご夫妻は二階で食事されているのでどのようなものを召し上がっているのかはわかりませんでしたが、浦谷先生や広岡さんたちとともに私たちがいただく朝食は、日本のごくありふれた朝ごはんでした。

朝食を済ませると、満喜子先生とともに学園に向かいました。揃って門を出て、先生の少し後ろを歩いていると、満喜子先生はピンと張った背筋を、よりいっそう反り返るように、八幡山を指さして、

「あの山の頂きを見て歩くのよ。目標は高く、希望は大きくよ」

私の門出を意識されてこの言葉をおっしゃったかと思ったのですが、ご自身、毎朝、心にこの言葉を刻むように学園に向かわれていたのです。

角を曲がって学園の門を過ぎると、次は正面の体育館の赤い屋根を目指すよう指示が出ます。お住まいからこの学園までの道順が、ご自身の毎朝の日課のようでした。今にして思えば、私が八十歳に達した年齢の割に背筋が伸びているのは、この毎朝の訓練のお陰かも知れません。

蛇足ですが、満喜子先生は、メレル先生と結婚される以前に近江八幡に立ち寄っておられます。この時の印象は、全く良くはなく、

「近江八幡には二度と来たいと思わない」

というのが本音であったようでした。

ところが、私が八幡にやってきた時は、もうすっかり、この町に親しみを持って暮らしておられました。

満喜子先生にとって、以前はまったく興味が沸かなかった八幡でしたが、実は、満喜子さんのご実家である一柳家は、かつて八幡とは大層深いご縁に結ばれていたというのです。不思議なご縁があったのでした。

満喜子先生の父末徳《すえのり》氏は、播磨小野藩一柳家の十一代藩主です。そしてその先のご先祖をたどると、源平合戦まで至ります。

ヴォーリズ記念館の藤田館長より、一柳家略系図の写しを見せていただいた時にわかったことなのですが、源平盛衰記「屋島・壇ノ浦合戦」の項に一柳家のご先祖が登場しています。陸戦から海戦となったこの戦いでは、熊野水軍や伊予水軍が、源氏の護衛に命じられました。この伊予水軍の河野水軍の河野宜高が、一柳家を興した人なのです。

その後、一柳直末の時には、豊臣秀吉の命令で秀次の宿老として八幡城築城に伴い見回り役となっています。

この直末は市介と名乗り、現在の近江八幡市仲屋町《すわいまち》に住んでいました。当時は八幡町といい、ここは豊臣秀次によって開かれた町です。開町当時、仲屋町は市介町または市助町と言われていました。市介こと一柳直末は、当時大垣城主でしたが、見回り役として八幡町に居を構えていたようです。直末は後に秀吉の北条攻めで戦死し、家督は弟が継ぎ、その三人の子が、満喜子先生の両親の系譜につながっているのです。

旧市介町（現仲屋町）は満喜子先生ご夫妻の住まいからそう遠くないところですが、当時の満喜子先生には知る由もないことだったのでしょう。なおこの事実が判明したのは満喜子先生亡き後のことだったのです。

毎朝、お宅から八幡山を仰ぎながら学園まで通ったあの当時、満喜子先生のご先祖が私たちを眺めていたのかもしれません。不思議な縁を感じます。

近江兄弟社社歌（吉田悦蔵氏の作詞）に

われら湖畔に来たりしは、
名利の闇に迷いてか　乳と蜜とを求めてか
否　否　否　と叫ぶなり

という歌詞があります。

私自身もそうですが、この八幡というまちに集い来て、この地に眠る人々を思う時、歴史ある町の住人であることに誇りを感じるのです。

メレル先生と満喜子先生

メレル先生と満喜子先生については今さら説明の必要はないかと思いますが、この項では恐縮ながら敬称を略してお二人をご紹介しましょう。

メレル、日本で布教を開始

アメリカのカンザス州に生まれたメレル（ウィリアム・メレル・ヴォーリズ）が来日したのは、明治三十八年（一九〇五）、二十四歳の時のことでした。アメリカからの長旅を終え、横浜の港につき、汽車に乗り換え、たったひとりで、琵琶湖のほとりの小さなさびしげな「八幡駅」に降り立ったのは二月二日、ちょうど厳寒の時期でした。

日本語を話すこともできず、近江八幡がどんなところかも知らず、寒さと不安を抱えたメレルの日本での生活がここから始まったのです。

当時の八幡駅は、市街地から遠く離れ、さらに先年の大水害で駅舎が流出して仮駅舎らしき小さな建物が建っただけという何ともみじめな駅舎だったことが、よけいに不安になったようでした。

それでも彼の生来の陽気な性格は、赴任校の滋賀県立商業学校（現・滋賀県立八幡商業高校）で人気の的となり、宿舎には毎日多くの生徒が集まり、僅か半年の間に、メレルの魅力のとりこになった学生が増えてきたのです。

熱心なキリスト教徒のメレルは、聖書を教科書代わりにして英語を教えるバイブルクラスを始めたのですが、このクラスが当時の学生たちの人気を集めました。その人気はやがて、本格的な布教活動へと展開していきます。

「理想の話をしているだけではなく、真に聖書の意味を学ぶためには、共同生活が必要だ。共同の家族生活こそが生きたクリスチャン生活だ」

と思ったメレルは、ＹＭＣＡ会館の建設を目指しました。

ところが、メレルを慕う学生がいる一方で、彼らを迫害する学生もあり、校内のみならず、日増しにその対立は激化していきました。こうした事態の中で、体調を崩したメレルは、一年半ぶりに、一時帰国することとなりました。

幸いにも、心配された健康は祖国で回復し、さらに、メレルの理想の実現に向けて援助してくれる人が出現し、大いに自信をもって再び日本に戻ってきました。

明治四十年（一九〇七）二月十日には、様々な試練を乗り超えて、待望のＹＭＣＡ会館が完成しました。日本各地から多くの人が集まり、盛大な献堂式が開催されました。

この時、メレルたちは近江に新しい時代が始まると喜んだものでした。しかし、一方で、滋賀県立商業学校の新任校長は、キリスト教との摩擦をこれ以上深くしたくないことを望んで、メレル解雇へと動いていたのです。

メレルの影響を最も大きく受けた教え子の吉田悦蔵は、当時、ＹＭＣＡ会館でメレルと共に生活をしていました。この吉田は、のちにメレルの片腕となって、事業展開の中心的人物となった人です。


吉田は、滋賀県立商業学校のバイブルクラスの一期生で、当時は卒業を控えていた時期でした。卒業式の三月二十五日に滋賀県立商業学校からのメレルの解雇状をみるや、母の許しを得て卒業後の進路を変更して、メレルとともに八幡で働くことを決意したのです。

はるばる海を渡り、日本にやってきて滋賀県立商業学校に着任して二年、僅かな期間とはいえ、メレルが求めた外国での布教活動が順調に進んできたのでした。

しかし、志なかばで、教師をやめることになったのでした。

解雇により収入の道が閉ざされたメレルでしたが、この免職事件については、その後、新聞などで大きく報道され、その影響は、想像以上にメレルの事業に追い風となりました。

メレルの解雇事件に対して、同情を寄せる人もかなり多く、不思議なぐらいに各方面から物心両面の援助が集まってきたのです。援助は、メレルへの同情だけにとどまらず、吉田悦蔵らと開設した建築設計事務所にも、設計の依頼が増加してきました。

このころにはメレルの熱い思いはさらに大きく広がっていきます。そして、近江での彼の活動を理解し、支援してもらえる方法を見出すため、思い立って欧米の視察に出かけました。メレルの訪米によって、メンソレータム社の創設者A・A・ハイド氏が活動資金としてメンソレータム（現・近江兄妹社メンターム）の日本での販売代理権をメレルに委任してくれたのでした。

明治四十三年(一九一〇)十二月、ヴォーリズ合名会社が発足しました。さらにヴォーリズ建築事務所も新築落成し、本格的な仕事が始まりました。合名会社が発足したことで、メレルの近江での伝道活動は新しい時代に入ってきたのでした。

学生の頃、メレルは建築家になることを志していたのでしたが、最終的にコロラド大学に入学しています。しかし、その夢が大きく転換したのは、SVM(海外宣教学生奉仕団)第4回トロント大会が契機だったのです。この時から布教活動に進むようになりました。さらに、その後、代議員として参加した学生義勇団の大会で、ハワード・テーラー夫人という、中国で献身的な布教活動を展開してきた宣教師の講演を聞いて大きな感動を覚え、外国伝道を行うことを決意したのでした。

それまでのメレルは、「建築家として成功し、大きな利益をあげ、外国に行く宣教師へ支援ができるようになりたい」と思っていたのでした。ところがこの大会後、次第に、将来は外国伝道への道を模索するようになってきていたのです。敬虔なクリスチャンの両親は息子の心の変化を心の中で歓迎していました。

いったんは、建築家への夢を絶ったメレルでしたが、免職を言い渡された時、思いもかけず、建築の勉強をしてきたことが大いにその後の活動の原動力となったのでした。

そして、後の伴侶となる満喜子とは、建築の打ち合わせの際に出会ったことで、二人の人生が決定したのです。

満喜子、華族の娘に生まれアメリカで教育を

満喜子は、明治十七年(一八八四)三月、一柳末徳《すえのり》・栄子夫妻の三女として東京で誕生しました。

父の末徳氏は十七歳の時、旧制の大名生活から新制度による華族となり、帝国

議会発足の時から子爵議員に当選、当時の新進として政界で活躍していた人です。

父末徳氏は以前に福沢諭吉氏の慶応義塾に入り、ヘボン博士やフルベッキ博士を囲み、他の若くて有為な人たちとともに、欧米の文化について学んでいた対外的には優れた人物でした。ところが一方、家庭的には、さまざまな問題のあった人だったのです。

満喜子の母は、「家にあっては父に従い、嫁しては夫に従い、夫死しては子に従う」という道徳観を持っていた人でしたが、一柳家に嫁した後にキリスト教に帰依しています。当時、華族がクリスチャンとなることは非常に稀有で、おそらく栄子は華族として最初のクリスチャンだったかもしれません。

父末徳は、その立場や、先進的な文化を吸収する優れた文化人で、民主主義の思想とキリスト教信仰を最も進歩的な現代思想としてとらえていた人だったので、母栄子が洗礼を受けることをむしろ後押ししています。ただ一方で酒や女に溺れる哀れな人でもあり、そのことが満喜子の人生観を大きく変えています。

クリスチャンの洗礼を受けた母の影響で、満喜子はミッションスクール幼稚園に学び、明治二十四年（一八九一）女子高等師範学校付属小学校に入学しました。

満喜子の父は、母、栄子や他の女性とのあいだに子どもがいました。その子どもたちを、養子にすることを強く求めたのは、母栄子でした。

こうした事情で、一柳家には父と母、満喜子と二人の兄、そして三人の妾とその子どもたち三人の十一名という複雑な関係の家族構成を作っていました。栄子は、妾の娘たちにも満喜子同様に愛情を注ぎ、かつ、満喜子にも本当の姉妹のように愛するように諭していました。

「敵を愛しなさい。あなたを憎む人たちにやさしくしなさい。そして、意地悪くあなたを利用する人たちのために祈りなさい」

という聖書の中の言葉に感銘を受けた栄子は、その言葉どおりの日常生活を行っていたのです。ところが、満喜子が九歳の時に他界しました。

一方、満喜子は、小学校卒業後は、女子高等師範学校付属女学校で学び、その後は音楽と英語の勉強を続けました。しかしながら、この時の生活は満喜子にとって楽しいものでも、未来への希望に満ちたものでもなく、母亡きあとは、家事や姉、妹の世話などが彼女の役割となっていました。後に

「父のもとにいました時の生活は、ほんとうに愛のない淋しい、ながいながい間」

(『教育随想』一九五九年、近江兄弟社学園)と記しています。

母の言葉に忠実になろうとするほど、父との確執が深まり、満喜子にとっては、耐えられない日々だったのでした。

そんな満喜子の生活にもようやく終止符を打つ時が訪れます。

兄恵三が養子に行った広岡家の三人の娘の家庭教師として、広岡家に移り住む

ことになったのでした。この時、満喜子は十九歳になっていました。広岡家に入った満喜子は、早速に、広岡家の三人の娘たちそれぞれについていた世話係を排し、彼女たちが自ら衣服を整え、食事の準備や後片付けをはじめ、身の回りのことを自発的に行うように指導しました。このことは、姪たちにとっての生活訓練であり、満喜子にとっては、幼児の自主性の発見であったのです。この経験は、その後の満喜子の教育の大きな原点となりました。

明治三十九年（一九〇六）には、父末徳の兄の縁で、神戸女学院音楽部ピアノ科に籍を置き、さらに、日本女子大学校では、生徒として、教師としての生活をするようになります。

この時二十四歳の満喜子には、結婚の話が浮上することは当然だったのでしたが、満喜子自身に結婚する気はなく、縁談の話には一向に気を止める様子もないことから、豪商加島屋、大同生命創業家である広岡家では、体面を重んじて、満喜子にアメリカ留学を勧めます。

好奇心旺盛な満喜子にとっては、願ってもないチャンスとばかりに、明治四十一年（一九〇九）二十四歳で渡米し、ブリン・マー大学に三ヶ年在学しました。後には、アリス・ベーコンの事業を援《たす》け、家庭生活の仕事を分担するまでになり、大きな意気込みを感じたアメリカでの生活でした。

後日、満喜子は、この時のことを

「働くことのできる手足と奉仕の精神があった」

と偲んでいます。

一方、大学では障害を持った友人と出会ったことが、その後、満喜子の教育の根幹となる意識の芽生えにつながったのでした。この友人の日常生活から満喜子が学んだことは、

「障害者自身が障害を克服することのできる人間の無限の可能性を知る」という

ことでした。

満喜子自身の内面が、次第に増幅してきた時期、ちょうど渡米して八年目の大正六年(一九一七)、日本から思いがけなくも「父上、老衰につき帰国せよ」との連絡を受け、後ろ髪をひかれる思いで、必ずアメリカに戻ることを約して、いったん帰国しました。

ところが帰国してはみたものの、父の容態はそんなに案ずる様子もなく、様態を確認するや、父のもとには滞在しないでふたたび広岡家に戻りました。そして、ここでメレルとの運命的な出会いがあったのでした。

広岡家での運命的な出会い、そして結婚

滋賀県立商業学校を免職されたメレルが立ち上げたヴォーリズ建築事務所は、各地からの要請で大変忙しく動いていました。ちょうどこの頃、満喜子の兄の恵

三は、大阪の大同生命ビルの新築を計画しており、その設計をメレルに依頼していたのでした。そして詳細な打ち合わせを、広岡家で行うその日に、満喜子は通訳としてまた、新築のアドバイザーとして同席していました。

この時初めてメレルに出会ったのですが、背が高く、柔和で、自らの建物への情熱を切々と語るメレルに、満喜子は一目惚れをしてしまったのでした。

メレルは、日本に来て、多くの女性が、消極的で自らの意見をはっきりと述べないことを不満を感じていただけに、満喜子が、自らの意見をはっきりと、しかも、なんのわだかまりもなく主張する姿勢に驚くとともに、なにかしら惹かれるものを感じたのでした。

やがて二人は結婚を意識し始めました。

満喜子はこのときのメレルの印象を

「終生の伴侶として私を待っていた人、神の国運動をしていて、そのために全くの自由人を伴侶として求めていた人、メレル・ヴォーリズその人であった。神様のお引き合わせで、その時に懐中に二円七十六銭のみ持つこの紳士と、奉仕の心の他に何も持たない一女性と終生を共にする約束をしたのです」と懐古しています。

ところが、二人の結婚については、双方の肉親は反対しました。しかし、三十四歳になって、自らがようやく納得して結婚しようと思ったこの機会を、逃すことができない満喜子は大いに悩みました。情愛として忍び難いとの思いで何とか結婚への道を模索した中で、ようやく、メレルの祈り友達の広岡浅子（恵三の義母）の援けで宮内省からの許可が得られました。

読者の皆さんには想像できないでしょうが、満喜子は当時華族という身分だったので、自身の結婚については宮内庁の許可が必要だったのです。こうした事情のなか、満喜子が、父の家を離れ、分家として新しく平民戸主となることによって、メレルとの結婚へと向かったのでした。

さまざまな困難の中、ようやく、大正八年（一九一九）六月三日、メレル三十八歳、満喜子三十五歳の時、メレルが設計した明治学院のチャペルで、盛大な結婚式を挙げました。

満喜子の両親も広岡家にとっても世間に指さされないようにとの配慮の中、当時異例とも言える盛大な結婚式でした。

アメリカに留学した満喜子に帰国を要請したのは、実家からの父上の病状悪化の知らせだけではなく、満喜子の教育者としての手腕を待ち望んでいた人がいました。それは、大山巌《いわお》公爵夫人の大山捨松でした。彼女は、明治新政府が初めてアメリカに派遣した五人の女子留学生の一人で、ともに留学し、後の津田塾大学を創設した津田梅子の後任に、満喜子の就任を望んでいたのです。アメリカで満喜子が親しくしていたアリス・ベーコンに「一柳さんのご帰国を願う」との趣旨の書状を送っていました。

近江八幡ではじまった二人の生活

結婚した二人は、八幡町（現・近江八幡市）に居を構えて、メレルの両親ジョン・ヴォーリズ、ジュリア・ヴォーリズを米国より呼び寄せました。二人の結婚に反対していたメレルの両親ですが、満喜子は、言葉の通じない日本で生活する二人に対して、献身的に努めます。

一方で、メレルは、翌年、近江セールズ株式会社の設立やヴォーリズ建築事務所を創立するなど精力的に働きました。メレルのこうした活動とは別に満喜子は、自身が経験してきたことを基盤とした教育の分野での活動を積極的に展開していくのです。

東京で生まれ育った満喜子のはっきりとした物言いは、封建的な田舎町の八幡町では、周囲の状況に同化することに、かなりの時間を必要としました。それでも、満喜子は持ち前の行動力で、自らが思うどおりの教育事業を推進していったのです。

その手始めとして、大正九年（一九二〇）、地域の子どもたちのために健全な遊び場「プレイグラウンド」を自宅の空き地に設け、大正十一年（一九二二）には「清友園幼稚園（現・近江兄弟社学園）」として正式に教育事業を始めました。

当初は満喜子個人の事業でしたが、昭和六年（一九三一）には、現在の近江兄弟社学園の地にメンソレータム創始者ハイド夫妻の寄付を受けて園舎を建設しています。これが現在の総合学園「学校法人近江兄弟社学園」の基礎となりました。

満喜子先生の教育方針

私が、満喜子先生に出会ったのは、戦後のこと、メレル先生は戦前に帰化され一柳米来留《ひとつやなぎめれる》に、満喜子先生は一柳満喜子となり、祖国アメリカとの戦争の狭間で苦悩の時期が過ぎ去ったあとのことでした。

教育の原点は、生まれ育った家庭にあり

満喜子先生の父君の一柳末徳《すえのり》氏は、明治二年（一八六九）版籍奉還で藩知事となり廃藩置県で上京し、慶応義塾で英学を学び、華族令で子爵、貴族院議員を四期勤めた一柳家十一代の当主です。そして末徳氏の三女が満喜子先生です。

この末徳氏には、奥さん以外に何人かの女性を家に置き（当時の大名、後の華族の習慣ともいうべき家庭の姿でしょう）、彼女たちが産んだ子どもたちは、奥さん

に育てさせました。キリスト教に帰依していた満喜子先生の母栄子さんは、この苦難を、自分の子どもと等しく育てることで乗り越えてきました。

この時の母の姿を目の当たりにしていた満喜子先生は、子ども心に、家庭の真の姿に気づき、「教育の原点は正しい家庭の在り方と幼児の教育にある」と考えていたのでした。

母栄子さんの姿に学び、ご自身も腹違いの子の面倒をよく見ておられ、出来の悪い子には実の姉妹のような心で接しておられたのでした。大名家では奥方が普通の状態で過ごしていたのでしょうが、満喜子先生は幼くしてこの間違いを知り、家庭教育の大切さを実感されていたのです。

三歳児教育についても「将来の良き父親、よき母親を育てる」のは早い時にすることが重要と考えられています。すなわち「三つ子の魂百まで」の言葉を幼児教育の場を通して実践されたのです。

幼稚園の先生たちには
「今の仕事は三歳児だけの教育ではありませんよ。将来を見据えて育てしつけるのです」

と機会あるごとに教えておられました。

私も小学校に籍を置く身ながらも、預かる子どもたちの学校生活でのしつけの大切さを思い、いつも心の引き締まる気持ちで聞いていました。

「家庭においては良き父と母、社会に出ては良識ある成人となる」

ことを願っておられたのです。

個性を大切にした教育方針

満喜子先生は、アメリカ留学中に見聞し体験し学んだことや経験を基に、教育の課題を幅広く捉えておられました。

こうした中でも当時としては、先進的だったのが、身体に障害を持つ方々に手を差し延べた取り組みがあります。

自らの意思に反して、生まれながらに身体の一部に障害のある人にとって、それぞれの個性を発揮できる方向性を見出せるような教育方針で満喜子先生は積極的に取り組まれました。

文字を美しく表現できる人には、その才能を開花させる指導と場を与え、得意な分野でその人の能力を存分に発揮できる仕事を持たせていました。

こうした取り組みの中でも顕著な例についてお話ししましょう。

近江商人「西川伝右衛門家」の系譜につながる西川はま子さん

八幡町は、豊臣秀次の幽閉・自刃という悲しい事件ののち、城下町としての機能は大きく後退し、安土城下から移住してきた商人は、新たな市場を求めて京や江戸に出店するようになり、やがて大店と発展させてきた八幡商人が続出します。
秀次の時代に、琵琶湖からの水路を町中に引き込んだ八幡堀が商品輸送の大動脈となって、城下町は次第に商業の町として発展してきました。

江戸時代後期になると、日本海を通じ、さらには北海道にわたり、北の原野の中で新たな事業展開をおこなうとともに、道路整備や港の整備、さらには漁場開拓と、八幡商人の北海道での活躍には目覚ましいものがありました。

「北前船」が北海道の物産を、畿内に持ち込み、さらに畿内の特産品を東北・北海道に持ち出す役目を果たしたのです。この北前船の船主のひとりに、「中一」西川伝右衛門家があります。

初代伝右衛門は、

「子孫たるもの決して郷里において田畑を購い、あるいは事業を起こすことなかれ。余財あれば北海道事業振興の刷新に投ぜよ。我が家は松前において興る。従って松前にて滅ぶも何も悔いなし」

との遺言を残すほど北海道の振興を旨とし、近江の商人の中では、最後まで北海道開拓を進めてきました。多くの豪商を輩出した八幡町でもとりわけ著名な商家でした。

この伝右衛門家の第十代当主西川貞二郎は、相次いだ北海道の支店の火災などが影響して、初代の言葉どおりの事業展開には限界を感じ、断腸の思いで明治三十年(一八九七)に北海道から撤退しています。とはいえ、貞二郎は、カニ缶詰の開発など北海道での事業展開のほか、滋賀県では八幡銀行や醒ヶ井養鱒場を開設し、八幡町長を務めるなど活発な事業を推進しています。その女婿が、第十一代西川伝右衛門家当主の西川吉之助です。

彼には昌子と、はま子という二人の娘がいました。そして彼女たちの弟、西川仲二は近江兄弟社の社員でした。

妹の西川はま子は生まれつき耳が不自由で、音のない世界で生きてきました。父吉之助は莫大な財力を、不憫な娘のために惜しむことなくつぎ込み、アメリカのライト博士が提唱する口話法を自らが学んで、はま子に教えました。そしてこの口話法を、娘のためにだけでなく、より広く普及することを念頭に滋賀県に聾《ろう》学校を開設しました。このライト博士こそが満喜子先生が渡米中に学んだ恩師だったのです。

吉之助は、不憫な娘が将来的に自立できることを願い、また国際的な視野で活動ができることを夢見て、満喜子先生に英語を教示いただきたいとの思いで、はま子とともに満喜子先生を訪問したのでした。

当時の日本では、ハンディキャップを背負って生きていくには、社会全体が十分に受け入れてくれる状況でないことを満喜子先生は十分認識していました。それでも、少なくとも国際社会の中で生きることを願う吉之助の思いには少しは役に立てるのではないかとの思いから、二つ返事で、はま子を預かることを了解したのです。

この時の満喜子先生の頭には、アメリカで学んだ全寮制のブリン・マー大学での友人、フローレンス・マッキントッシュのことが思い出されたのでしょう。フローレンスは、幼い時の脳性麻痺が影響して肢体不自由となっていました。しかし彼女は、人の助けを求める人ではなく、むしろ、人の助けが自分のためにならないと感じていました。

あるとき、満喜子先生が、立ち上がることに難渋していたフローレンスに近づいて手を差し伸べようとしたとき、強い口調で、

「あなたの親切が私をダメにする」

と満喜子先生の助けを拒んだのでした。そして、彼女は、すべてを自分でやり遂げようとする意志の強さで、必死に努力してきたのでした。

耳が聞こえないはま子が、必死に父から口話法を学んだであろうことを想像する時、満喜子先生は、遠い昔の友人を思い浮かべたのでした。

西川吉之助の願いを聞き入れた満喜子先生の自宅で、翌日から姉の昌子が付き添って、はま子の英語の学習が始まりました。

昭和十四年（一九三九）三月、近江兄弟社内に、兄弟社女子教育準備委員会が設立され、近江兄弟社教育研究所設立が立案されました。その前身が、清友園教育研究所で、ここの教育目的が「想像力と自給力を有するクリスチャンの養成」です。つまり、文化の発展や想像力に寄与する人物の養成でした。

こうした目的にそって、はま子への指導が始まりました。耳の不自由なはま子は、相手の唇の動きを見て相手の意志を読み取る練習の土台を、ご自身で努めて読唇術をマスターさせることからスタートしたのです。はま子に付き添っていた昌子も、京都の女学校を卒業したものの、先天性股関節脱臼で脚が不自由でした。

この時、満喜子先生は三十七歳でした。後に『湖畔の声』で「よく見る眼、よく聞く耳、よく工夫する頭、よく心に従う頭、よく心と頭に従

う手足」（一九六五）

と記していますが、自分を全面的に生かして使う能力と、自己統制力の訓練をしながら、キリスト教に従う人々を育てることを目標としていたのでした。

西川姉妹のほかに、耳が不自由ながらもたいそう、手先の器用な方がおられました。

満喜子先生は、その人の器用さを活かして、クリスマスカードのデザインや印刷を依頼されました。自身の得意な点を見出していただいたその人は、それこそ鮮やかな、美しいクリスマスカードを作成しました。このことが直接的な要因ではなかったと思うのですが、その方は後に、優れた竹工芸作家として活躍されます。

今、滋賀県では、アール・ブリュットに着目されていますが、既に満喜子先生

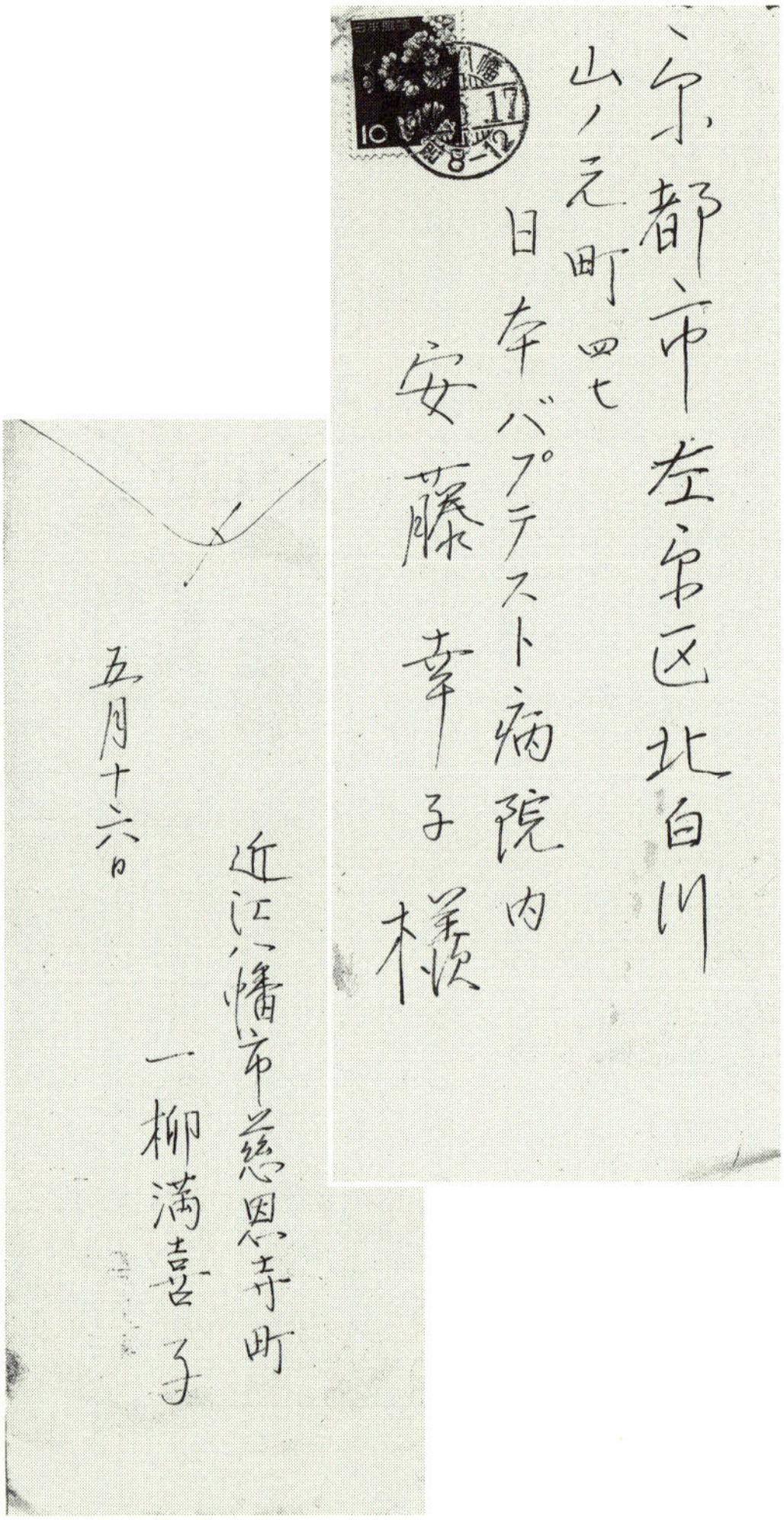

その後、御容体は如何ですか。充分御養生の上、早くよくなって下さい。
智ちゃんは、すっかり浦谷夫人になついて元気にしています。食事も御行儀よく御こぼしもしないでいます。そして泣かずにさびしさをぢっとこらえている処は、子どもさんて何でも出来るものですね。あなたの御育ての行届いているのをうれしく思

満喜子が安藤幸子に宛てた書簡。西川はま子の代筆によるもの（1962年5月16日付）

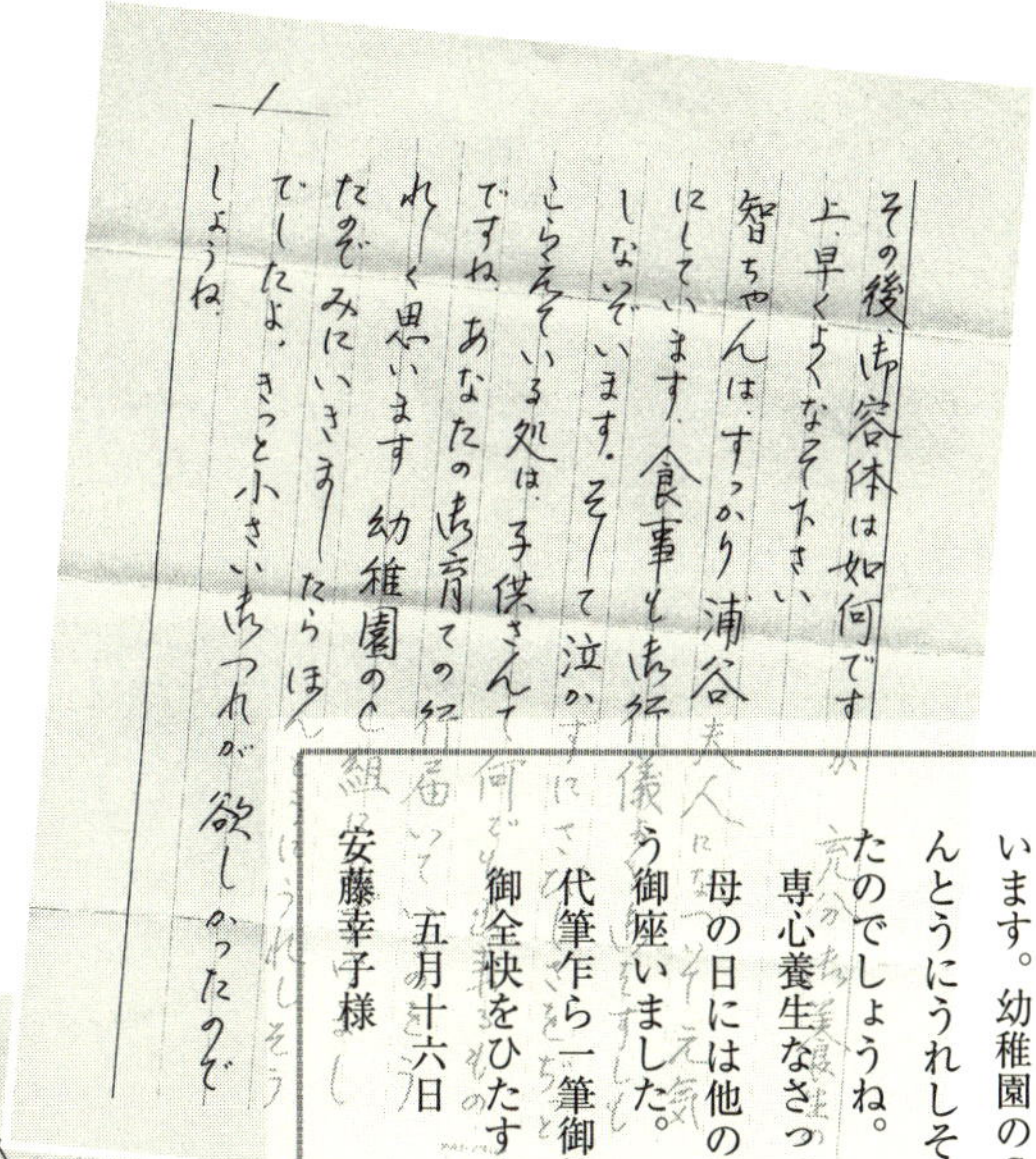

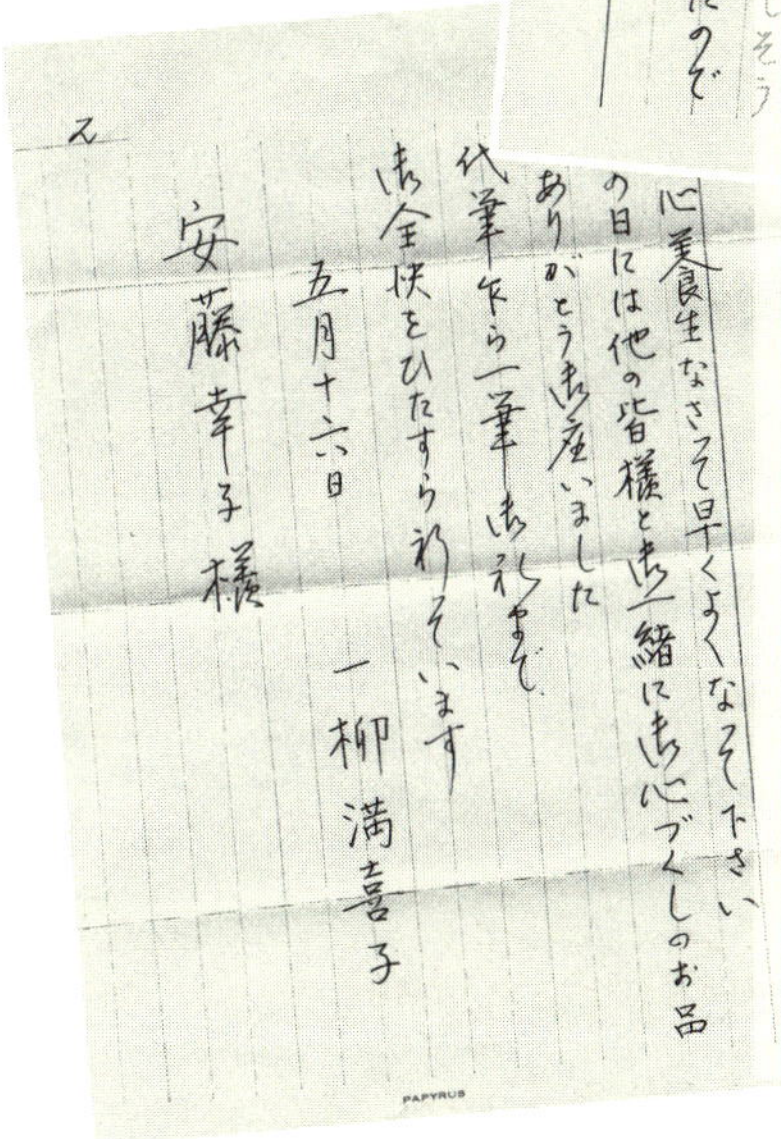

います。幼稚園のC組にあずけましたのでみにいきましたら、ほんとうにうれしそうでしたよ。きっと小さい御つれが欲しかったのでしょうね。

専心養生なさって早くよくなって下さい。

母の日には他の皆様と御一緒に御心づくしのお品をありがとう御座いました。

代筆乍ら一筆御礼まで。

御全快をひたすら祈っています。

五月十六日

一柳満喜子

安藤幸子様

は当時、それぞれの個性を尊重した教育方針を打ち出され、正規な教育を受けていなくてもそれぞれの個性の輝きを見出すことに着目されていたのでした。現在近江八幡市に、アール・ブリュットの拠点が誕生したことは、遠い昔の満喜子先生の方針が花開いているかのようにと嬉しく思います。

大正九年(一九二〇)年には、メレル先生とご一緒に池田町から慈恩寺町《じおんじ》へ居を移され、お二人の結婚に反対されたメレル先生のご両親を看ておられたのですが、その頃、近所の子どもが家の軒下で煎餅をポリポリ噛ったり、おやつを食べて佇んでいる姿を時々ご覧になっていて、

「これでは、いけない」と考え近江兄弟社の青年に頼んで、雑誌部や料理部を作ったりして子どもにいろんな関心を持たせ、子どもの将来を考えて「プレイグラウンド」を開校されました

結婚当初、なんでもはっきりと発言される満喜子先生に対して、八幡の人たち

は「なんと威圧的な人なのか」とかなり距離を置いていたものでした。しかし、次第に、満喜子先生の本心への理解が深まり、ご自身の行動力や、教育思想に共鳴する人が増えてきました。やがて、後の清友園幼稚園の誕生となり、近江兄社学園の創立へと繋がったのです。

一方で、女性教育には、かなりの力を注いでおられました。

前記の定時制高校も工場で働きながら学べる制度です。先生のご自宅でも、「自分が好まない仕事を、女中と称する人にさせない」とし、若い女性が個性を発揮し、威厳のある自主独立の生活が営めるように厳しくも、温かいしつけの場を与えておられました。

例えば、外国のお客との食事の時にフォークのテーブルへの並べ方が正しくない場合は即座にテーブルクロスをパーッと払い落としてしまわれることもありました。準備をした人は、一瞬、ドキリとしますが、すぐに自分の間違いに気がつき、二度と同じ過ちをしなくなるようになりました。

見た目には厳しく映りますが、こうしたしつけは、次には間違いなく覚えます。少々、厳しすぎるように見えるかもしれませんが、後になっては、口で教えるよりもその場で正す指導法の方がずっと効果的であると考えておられたのでした。

ヴォーリズ家での暮らしは驚きの連続

目標は高く、希望は大きく

ヴォーリズ家での生活は、規則正しいものでした。メレル先生は、各地に出かけることが多かったものの、私がここで暮らした時期は、かなりご高齢でもあり、次第に仕事量をセーブされていましたので、以前よりは近江八幡での暮らしの時間があったようです。

私の生活は、毎朝六時前に起きて片付けと掃除、椅子をならべることから始まりました。そして、浦谷夫人が準備された朝食を、浦谷先生や同居する広岡さんたちとともにいただき、月曜から金曜までは、七時三十分には、満喜子先生ととともに、学園に向かいました。

少し後ろを歩く私にいつも

「目標は高く、希望は大きくよ」

と話され、八幡山の頂を見て背筋を伸ばして歩かれました。

学園は、週五日制なので、土曜日は休みとなります。この日は、私はメレル先生の出勤のお供をすることとなっていました。満喜子先生のお取り計らいで、メレル先生と接する時間を与えていただいたのだと思っています。

土曜日だけは、慈恩寺町のご自宅から魚屋町《うわい》の会社までメレル先生をお送りするのが私の役目でした。近江兄弟社まで、メレル先生とご一緒に歩く時間は私にとってはゴールデンタイムで、毎週、土曜日を待ち遠しく思っていたものです。

メレル先生も、いつも背筋をピンと張り、矍鑠《かくしゃく》とされていたのでしたが、少しご高齢となっておられたので、小さな私が上背《うわぜい》のある先生の腕を支えて、お送りしたのです。近江兄弟社に向かう途中、とりとめのない会話の中にメレル先生の温かさと多くの人から敬愛される要素を多く感じたものです。

近江兄弟社までの道すがら、すれ違う町の人々は「おはよう、ボッリズさん」と声がかかり、メレル先生も「おはよう、いいお天気ですね」と気軽に右手を挙げてにこやかに微笑んで何人かと言葉を交わされるので、いろんなお話を聞きたいと思っても、いつも内容は途中で遮断されることばかりでした。メレル先生のお話は、ご自身の身近で経験した小さな話題が中心で、難しい話ではありませんでした。

私は名古屋の中学生時代に、実はメレル先生のお話をうかがったことがありました。ミッションスクールだったということもあったのでしたが、学校に来られ、全校生徒を前に、ご自身のことをお話しになったのでしたが、残念なことに、話の全容はよく覚えていませんでした。

しかしながら「ピサの斜塔」を例にとって、人生の中で一番大切なことは、人として正しく生きる素質を磨くことだと言われた言葉だけは鮮明に記憶していました。

ご承知のとおり、イタリアのピサ市の大聖堂は「ピサの斜塔」として有名です。四〜六度弱傾いたまま、長年建っている建築物です。近年に改修されたことであと三百年は大丈夫といわれています。建築家であるメレル先生はピサの斜塔が倒れないのは、土台の構造が堅牢であるからだというような内容のお話をされたのでした。詳細は記憶にないのですが、メレル先生からピサの斜塔の話を聞いたという記憶だけははっきりと残っています。

土曜日ごとにご一緒する中で、もう少し突っ込んで、この意味を伺いたかったのでしたが、結局は確かめることがないままのお別れになってしまいました。

メレル先生は、外出の時は、いつも、柔らかくて軽い編み上げ靴を愛用され、玄関の固定椅子に腰を下ろして、ひと目ずつ丁寧に、まるで儀式のように紐を結んでいかれます。結び終えると、すくっと立ち上がり、背筋を伸ばして、満喜子先生の「いってらっしゃい」の声に送られ玄関を出ていかれるのが常でした。

雨の日は、編み上げ靴の上から「オーバーシューズ」というビニールのようなカバーを履いておられました。雨の日はレインシューズや長靴を使用するものと思い込んでいた私の目には、たいそう珍しいものに映りました。自宅に入れば靴を脱ぐことが当たりまえの日本とは異なり、靴を履いたままのアメリカでは、オーバーシューズは当然のことだったのですが、とても不思議に感じたものです。

驚きと物珍しさで眺めていたオーバーシューズは、ゴム製のレインシューズと異なり便利なものでした。雨がやめば折りたたんでバッグに収納できて、晴れても一日中ガバガバとレインシューズや長靴で歩く時代は終わったのかとも思って眺めていたものです。

メレル先生を囲む近江兄弟社学園の教職員

メレル先生は、外出の時だけでなく、身なりは、家庭の中でも乱されることなく清楚な姿でした。そしてこれらの服も、デパートなどで誂えることなく、近江八幡市内の仕立屋さんが出入りして先生の服を直接仕上げていました。

先生はその仕立屋さんの面倒をよく見ておられた様子でしたし、またいつも、そのスーツはメレル先生の体に馴染んでいたので、さぞかし着心地がいいのだろうと思って、私も、その仕立て屋さんに、一着作ってもらいました。

ほかに、アメリカから送られてきたバザー用品の服を、日本人に合うように仕立て直しもしてもらいました。さすがに先生がお気にいりだっただけに、これらは、最近まで大切に愛用していました。

メレル先生の編み上げ靴も地元の方に依頼されて作ってもらっていました。服や靴など身の回りのものはほとんど地元で調達するのがメレル流です。ご自身の理髪もご近所に足を運ばれるという根っからの地元ファンでした。

自分が八幡から追い出されようとした過去の辛い思いなど全てを忘れ去ったか

のような人の姿でした。八幡を誰よりも愛し、この地と人々に終生変わらぬ慈愛を注がれたのでした。他府県からいろんな方面の多くの方が先生を慕って来られた思いがよく解りました。

日曜日は安息日

日曜日は安息日であることを大層意識されていたのはメレル先生だけでなく、満喜子先生も同様で、連日、多忙な生活の中でもこの日だけはゆっくりと過ごされました。

日曜の礼拝には、私もご一緒させていただき、礼拝から帰宅すると、その日の昼食は、定番のシチューを揃っていただきます。いつもは二階でご夫妻だけの食事をされていますが、日曜日は皆が一堂に会します。大勢の食事は一度にたくさん手軽にできる手料理が一番というお考えで、安息日には必ずシチューが出てきました。ビーフシチューが主でしたが、鶏のクリームシチューだったこともあったかと思います。

食事の後はメレル先生の祈りのピアノを拝聴し、心安らかな時間を過ごしました。そして、午後は、二階のゲストルームで約一時間の午睡をします。

いつもは、リビングの床の上で寝起きしている私にとって、日曜日の午後だけは、お客様用の柔らかいベッドを使わせていただきました。ベッドの感触が、天にも舞い上がるような心地よさで、よく寝過ごして浦谷夫人に揺り起こされたものでした。午睡が済むと、しばらく散歩の時間となり、メレル先生と一緒に八幡山周辺を歩いたものです。

キリスト教信者にとって、日曜日は安息日なので商店での買い物は厳禁でした。日曜日に、商店で物を買おうとすると、その商店の人を働かせることになるというのです。つまり、安息日は自分も店の人も働かない、働かせないというのが、聖書の約束であるため、一柳先生ご夫妻は固く守り、守らせる実践家であったのでした。

　翌年、メレル先生に付いて、軽井沢にお供したのですが、この時も安息日は大切にされていました。

　軽井沢での日曜の礼拝は、軽井沢教会かユニオンチャーチに出かけましたが、礼拝を終えると、家に帰らないで郊外の橘さん宅（農家）で静かに午後を過ごし、りんご園をゆっくり見物して帰宅する事が何回かありました。

　ユニオンチャーチには、宣教師や他の外国の人も礼拝に来られていましたが、彼らは、メレル先生を見るや、教会やキリスト教主義学校、家の設計を依頼する話を持ち出します。こうした時、メレル先生は笑顔ながら「日曜を避けて月曜から土曜に、そのお話はお聞きしましょう」と、あくまでも安息日には、仕事の話を持ち込まない主義を貫かれたのでした。

初めての卒業生を送り出す

ヴォーリズ家でお世話になって一年近くは、経験したことがない出来事の連続で、あっという間に時間が経過しました。京都での職を離れ傷心のまま名古屋に帰り、悶々としていた当時が嘘のように、私も少しは八幡での生活や、学園の仕事にも慣れてきていたのです。

久しぶりに、帰省し、正月を終え、冬休み明けに学園に行くと、休み前まで小学六年生の担任だったM先生の姿が見えません。なんだか変だなと思っていると、満喜子先生が来られて、

「Mさんは、東京に帰ったまま戻っていないのよ。ホームシックでしょうね。全員がそうではないのでしょうけれど、田舎町での生活は楽しみが少ないのでしょうね」

と、おっしゃいました。そして、

「戻って来ない人を待ってもおられないので、安藤さん、あなたに今日から六年生をお願いするわ。だって、子どもたちが気の毒よ」

と、寂しそうな顔をされました。

昭和二十二年（一九四七）の学制改革で六・三制となり、一年生として入学した子どもたちが六年間の修学を終え、晴れて学園小学校第一回の卒業生となる年のことでした。

六年生を受け持つことは突然のことで驚きましたが、子どもたちやご父兄のことを思い、また学園内の教師の数から考えると断ることはできない状況でした。無論、私自身、満喜子先生のご期待に応えることができるかどうか不安がなかったわけではありませんでしたが、満喜子先生のお言葉をお受けしました。

ひょっとして満喜子先生は、旧担任の日頃の言動から今日あることを察して、予備として私を研修させておられたのかとも思い、学園長の責務の大変なことを改めて認識したものでした。

後に近江兄弟社学園の校長を拝した時に、担任の病気や結婚の時に後任を探すのに苦労したことがありました。校長の力では予備として研修生を早くから準備する術はなく、この時の満喜子先生の洞察力と直感力に改めて敬服したものでした。

満喜子先生に伴われて六年生の教室に行き、児童に紹介されました。子どもたちは事の次第を説明され驚いていましたが、新しい担任を快く迎えてくれました。

この日は三学期の始業式だけだったため、子どもたちが帰った後、持ってきた宿題に目を通し、名簿と子どもの席をつき合わせて確認しました。その後、研究室に戻り各担任の先生方にいろいろと教えてもらい、翌日からの生活指導や授業についての相談や準備をして時を過ごしました。六年生としての発達段階や心理、情緒などを調べていると研究室の外はすっかり暗くなってしまっていました。

急いで帰ると浦谷夫人が、

「先生、どこへ行ってたの。あまり遅いので今、学校へ電話をしたところです」

と言われてしまい、六年生担任の初日から失敗してしまいました。

翌日は調べておいた資料に照らして、子どもたちの名前や席、顔の確認をしました。教師自身の紹介の後、学園に来てからのことを伝え、子どもたちの自己紹介や各自の思いや意見を聞く時間を持ちました。

子どもたちは、新任の私について知りたい様子だったので、戦時中の名古屋での空襲のこと、食糧事情が悪かったこと、学徒動員で軍需工場に行き、兵器を造ったこと、空襲で学校が焼け、地方から軍需工場に来ていた人たちに準備された男子寮でノミに噛まれながら畳の上で勉強したことなど、戦時下での生活体験のない子どもたちに、当時の状況を仔細に話しました。

一方、近江兄弟社同様のミッションスクールで学んでいたので、子どもの頃、メレル先生がご講演に来られ、「ピサの斜塔」を例とした話をされたことを話したのです。

「メレル先生は『ピサの斜塔』の話をされました。そのことを詳しくは覚えていないのですが、先生ご自身が『自分はなぜ日本に来たのか……』について詳しくお話しになったことは、今でもよく覚えています」

と当時のことを思い出しながら話を続けました。そして

「そのことが要因であったかどうか、神の思し召しだったと信じるが、今は不思議なご縁で一柳先生宅に寝泊まりしているのです」

と私の足跡を手短かに紹介しました。

幼稚園から兄弟社学園で学んできた子どもたちは、何事もスムーズに理解してくれ、教科を消化する力も十分なので、予定どおりに授業が進み、何事も積極的に取り組むことができました。

三学期も二月に入ると、進学と卒業式の準備が話題になってきます。進学は学園中学と公立中学の二組の準備が要ります。

学園の場合は公立からの児童と同じく入学試験があり、公立でも入学後に実力試験があるらしいと聞き、特別に補習をするのでなく、高学年になってからの復習を自習でするように全員に指示をしました。

教師会では学園小学校の初の卒業式をどのような形式で行うかについて、回を重ねて検討してきました。度重なるごとに意見や提案が煮つまり、ようやく卒業式の以下の大筋が次のように決まりました。

・六年生が自作の「別れの歌」を作る
・学園長が自ら卒業証書を一人ひとりに手渡して、別れの握手をする
・記念品はアルバムとする
・在校生は「送る歌」を歌う

というようなことにまとまりました。

現在では卒業式に、様々な歌曲が選定されて歌われているようですが、日本の学校教育ではいつごろからのことでしょうか、長年、卒業生は「仰げば尊とし」

第1回卒業式（1953年3月25日）

1回生たちとのクラス会（2013年）

を歌って、師の恩に感謝し、在校生は卒業生への花向けに「蛍の光」を歌うのが慣例でした。

ところが、近江兄弟社学園では、卒業する子どもたちは、担任の指導のもとで、国語の時間に詩を作り、音楽の時間に作曲をして、自分たちで作った「別れの歌」を毎年違うものを作り、在校生の前で合唱して卒業して行きます。そして、卒業生を送る在校生も同様に、花向けの「送る歌」を準備して、卒業生を送り出すという、私が初めての卒業生を送る時に考えた卒業式の順序が、毎年繰りかえしながら今に至っているのです。

「別れの歌」や「送る歌」ができると、それぞれの練習が始まります。毎日が忙しく楽しい日々でした。保護者会も度々開き、準備や打ち合わせをお願いしました。

いよいよ卒業式の当日。卒業する子どもたちは胸に花を付けて、在校生が席を立って迎える中を入場。司会者の進行で式は進み、学園長自らの証書授与、握手、記念品授与、卒業生自作の「別れの歌」の合唱、在校生からの「送る歌」の合唱、ご父兄代表からの謝辞……と、式は粛々と進行していくのです。

第一回の卒業式は、このような次第で、厳かな中にも穏やかに幕を閉じました。学園を辞職後も、毎年、卒業式にはご招待いただいていますが、最初の卒業式のセレモニーが現在の小学校の卒業式にも引き継がれていることを大変嬉しく思います。満喜子先生が昇天され、半世紀近くになりますが、ここにはお二人の教育にかける志が脈々と受け継がれていることにいつも涙しているのです。

軽井沢でのひと夏の出来事　昭和二十八年夏

手相を見る?

　昭和二十八年（一九五三）の春、学園小学校の第一回卒業生を送り出し、その夏のキャンプを終えた日、満喜子先生から思わぬお話をいただきました。
「あなたね、この夏はメレルの秘書として軽井沢に来ませんか」
　軽井沢は、今まで小説や映画でしか知らない未知の土地で、庶民には無関係と思いながらも一度は踏んでみたいと思っていただけに、すぐさまに
「はい喜んで」

と返事をしました。

初めは「まさか」と耳を疑ったほどでしたが、満喜子先生は冗談でそのような話をされませんので、その夜はなかなか眠れずに朝を迎えたものでした。

次の日からは、一日千秋の思いで、出発の日を待ち焦がれたものです。一方で、軽井沢では何をするのか、何が出来るのかという不安もありました。例年だと近江兄弟社の社員の人が軽井沢に同行してメレル先生の仕事の補助をされていたようですが、満喜子先生からの配慮で私に決まったらしいのです。

まだ新幹線もなく、東京駅から上野に出て上野駅から高崎経由で軽井沢に着く行程だった記憶しています。

メレル先生とご一緒に列車で移動するのは初めてだったのでしたが、この時思いもかけない出来事に遭遇しました。

現在では電車内は一切禁煙ですが、昭和二十八年当時、列車には灰皿が設置されていました。メレル先生は禁酒禁煙を貫かれる人で、しかも他人にも、健康に良くないとの理由から、禁酒禁煙を強く要請されます。軽井沢までの列車内では、先生と並んで座っていたのでしたが、メレル先生が突然、列車の後ろの方につかつかと進んでいかれました。そして、後部席で喫煙していた人のタバコを取り上げたのです。あまりにも突然のことで、その人は憤慨し、

「何をするのか」

と今にもなぐりかからんばかりの形相です。ところがメレル先生はいつもの優しい笑顔で

「あなたの健康のためなのです」

と答えられました。

一瞬、その男の人は緊張しましたが、少し頬が緩みおとなしく座り込みました。遠くで眺めていた私は、どうなるかとヒヤヒヤしながら事態を見つめていたの

でしたが、拍子抜けしたような結末に、胸をなでおろしたものです。なにかドラマのようなシーンだと思いませんか。普通の人がこのような場面にであって同じような注意をしたとき、果たしてうまくいくでしょうか、まさにメレル先生ならではのなせるところだと感嘆したものです。

後年、「メレル先生は『手相を見る』と言いながら、喫煙者か否かをチェックする」

と言われていましたが、これは、全くの誤解です。

私も八幡のお宅で出会った時、目を合わせて手を差し出してくださいました。大きな、しかも柔らかい、暖かな手で握手してくださいました。手相を見るのではなく、人との出会いの時の親近感を図る独特のメレル流なのです。しげしげと手のひらを見られることからそのように尾ひれが付いて広がったのでしょう。

軽井沢までは随分長い時間だったのですが、タバコの一件をはじめ、車窓からの景色についての質問があるなどで楽しく過ごすことができました。

軽井沢の町の中は自転車か徒歩で移動しました。当時は特別な人しか車を持っていなかった時代です。誰もが憧れていた静かな避暑地だけに、町の中を行き交う別荘族は、流行の服に身を包んで夏を楽しみながら歩いていました。

一柳先生ご夫妻宅で寝起きする不思議なご縁をいただいた私でしたが、メレル先生は忙しく、直接、お話をする機会も限られていたため、「ひと夏をメレルの傍に置き、メレルの人格に触れさせて育てよう」という満喜子先生のお計らいだったと思えます。

軽井沢の事務所から先生の別荘までの送迎は、他に誰がついてくるでもなく、二人っきりで静かな林の中を歩きました。

この年、メレル先生は、七十三歳、いつも元気でしたが、坂道はさすがに辛そうで、登り坂までくると、私は小走りでメレル先生の後ろに回り、両手で先生の腰を押し、お互いが楽に歩けるような工夫をしたのです。これがお互いに調子がよいので、思わず、二人で「グッドアイディア」と大笑いしたものでした。

封筒を裏返したメモ用紙

軽井沢でのメレル先生の事務所は町の中心部にあって、郵便の受け取りや発送、書類の整理、電話の応対などが主に午前中の用事でした。

午後は、夏の間だけ軽井沢で過ごしている宣教師や実業家・政治家の別荘や、地元の方のお宅を回り、ビジネスや相談事など多種多様なお付き合いがありました。建築設計の依頼も多く、夏でないと出会えない方の用事が多かったことを覚えています。

メレル先生はどんな時でも、洋服のポケットから郵便封筒の裏返したものを出してメモ用紙として使われ、新しい紙は使われませんでした。いろんな方の別荘や集会所などを訪問しながら、この小さなメモ用紙に克明にご依頼の内容などを書き込まれていました。

軽井沢滞在中のある日、事務所の前の洋菓子店で買い物をするようにとメモを渡されました。当然この時も、封筒を裏返したメモ紙でした。

さっそくにメモを握りしめて洋菓子店に飛んでいき、このメモを見せ、しばらく待っていると、なにかの商品が入った紙箱を渡されたので、そのまま受け取って事務所に戻りました。

先生にお渡ししたところ、いつものニコニコ顔で箱を開いて
「安藤さん、食べなさい」とおっしゃいます。

差し出されたクリーム状のものを口にすると酸味があってとても美味しいのですが、これまでに味わったことのないものです。

「これはいったい何だろう」と不思議そうに、メレル先生にお聞きすると
「ヨーグルトというもので、牛乳を発酵させたものです」

どうだ珍しいだろうと言わんばかりに説明してくださったのです。

昭和二十八年当時、近江八幡では、ヨーグルトは、いまだ口にすることはありませんでした。しかし軽井沢の夏は、東京の有名店が多数出店しているので、田

舎にはない、珍しい食べ物も多かったのでした。

その日以降、十時になると、待ちかねたように、洋菓子店に出向き、珍しいものを買わせていただき、おやつとしていただきました。メレル先生は、決して贅沢や無駄づかいを好まれる方ではなく、小さな紙も大切にされるのを見てよく知っているだけにこの日は少し驚かされました。しかし、楽しいひと夏の思い出となりました。

テニスコートでの特別な出来事

メレル先生は、軽井沢には深い関係があり、日本に来られたその年に初めて、軽井沢に出向かれています。そして明治四十五年（一九一二）には、軽井沢建築事務所を設立し、軽井沢には、メレル先生が設計された建物は、六十戸に上っています。

日曜日の礼拝に行く、「軽井沢ユニオンチャーチ」はその代表とも言える建物で、大正七年（一九一八）に設計されたものでした。この教会は、キリスト教の宗派を問わない軽井沢に住む外国人連合の教会でした。

メレル先生は昭和二年（一九二七）には、避暑客の自治組織である「軽井沢会」の副会長に就任されているほど、ここでは、多くの知人友人がおられるので、お仕事も多く、別荘に来られてもあまりゆっくりできない毎日です。

ある日、午後の訪問時間に先生と並んで歩いていると、方角がいつもと異なっているのに、はたと気がつきました。

これはお宅に帰る道筋だ、もうお帰りのなるのかな、それとも、もう本日の用事はすべて終わったのであろうかな？　と思いつつ

「先生、いつもと道が違います。どちらに行くのですか？」

とお尋ねしたのですが、返事はありません。いたずらっぽい笑顔で振り返られ

るだけ、なんだか変だぞと思いつつ、歩いていると、テニスコートに向かっているこ とがわかりました。

軽井沢会の管理するテニスコートは、特別な人たちが使用するコートで、軽井沢会テニスコートのクラブハウスは昭和五年（一九三〇）にメレル先生が設計されたログキャビン風の木造建築です。

テニスはされないだろう、どなたかとここでお出会いになるのかな、事情がつかめないままに先生についていくのですが、テニスコートはいつもより多くの人が集まっていました。なにか普段とは異なるようすです。なんだかわからないままに観覧席にまで進んできました。

不思議そうな私を横目に、メレル先生は、ニコニコして、観覧席の中央に腰を下ろされました。振り返ると、コートの周囲に張り巡らされた金網には多く人の顔が覗いています。

いったい何事かと不安げにキョロキョロしていると、大きな歓声の中、その当時の皇太子殿下とお相手の正田美智子様がラケットを片手にお見えになりました。

お二人は見守る群衆に対して会釈をされるとすぐに、テニスをお始めになりました。

私にとって、メレル先生とともに軽井沢におともできただけでも、もうすっかり夢心地だったのでしたが、突然に、目の前に、皇太子様、そして渦中の正田美智子様の姿を目にし、手が届きそうな距離のところで、お二人がテニスをプレーされるのを観覧席で拝見できるなんてまさに、びっくり仰天しました。本当に夢のようなことでした。

先生の予定の中には、お二人のテニスのことは、早くから書き込んであったはずですが、私には、こうした予定を一言も口にされず、私が驚くのを見透かしたような、突然の行動を取られたのです。

軽井沢での教師夏期研修会（1953 年 7 月 30 日～8 月 2 日）

終始ニコニコ顔で、お二人のプレーを見ておられました。事前に一言も触れずに驚かせるのもメレル先生のお茶目ぐせで、いろんな方から同様の逸話をお聞きしたことがあります。

軽井沢のテニスコートや観覧席には、護衛官以外は入れませんでしたが、メレル先生は特別だったようです。お二人のプレーが終わると、メレル先生は観覧席から立ち上がってコートに降りていかれ、親しくご挨拶を交わされたのでした。ご夫妻が皇室とのご縁が深いことは聞き及んでいましたが、このような形で目の当たりにするとは思いもよらないことでした。メレル先生とご一緒するということは本当にすごい特別の出来事に遭遇するということなのだと実感しました。

軽井沢での生活は瞬く間に過ぎましたが、その後、学園教師の夏期研修が一柳先生ご夫妻のおられる軽井沢で毎年二泊三日の計画で催されるようになりました。

当然、私も毎年、楽しみに出席したものです。

夏の研修に軽井沢へ行くとは贅沢な研修と考える人も多いでしょうが、ご夫妻の考えは、琵琶湖畔だけでなく、浅間山麓に広がる大自然を通して、神の創造を実感し、信仰により建学された学園で職を奉じる各自に、建学の精神を深く認識させるとともに、幼少中高一貫の教育を更に充実させるため、さらには「相互の和」を願われたものと思われました。

小林道夫先生と「音楽の泉」

軽井沢ではメレル先生と一緒にいるだけで、とてつもない人々との出会いがあり、この時のお出会いが、私の生涯の大きな財産となった方がおられます。そのお一人が小林道夫先生でした。

いつの日か小学生にも週に一度でよいから「名曲を聴く朝の時間」を設けてあ

げたいと願っていた私が、メレル先生のお人柄を慕って後を追って来られた小林道夫先生に厚かましくも、この件をお話ししたところ快く引き受けてくださったのです。お約束後早速に、翌週には録音テープを届けていただきました。

小林先生が日本で有名な音楽家とは夢にも知らず、ご本人にとっては大変なご迷惑だったろうと後で冷や汗を流したことです。

しかし、このお陰で小学校の朝の時間に、小林先生選曲の「名曲」が小学生の耳を潤す素晴らしい時間が持てたことは、先生への敬意と感謝の言葉以外にありません。

ラジオで人気のあった「話の泉」の題名にヒントを得て「音楽の泉」と名づけて、毎週金曜日の朝一時限目に小学校の全教室に流しました。毎週のことだったので先生のレッスンのお邪魔をしていたことを深く心の中でお詫びをしていたものです。こうしたご縁がいただけたのは、まさにメレル先生の偉大な人的ネットワークや、先生のお人柄の賜物と今も感謝しているのです。

小林先生には大変ご迷惑をおかけしたのでしたが、昭和三十三年（一九五八）には、先生を中心とした「学園音楽会」を始めることができました。私にとってては大きな喜びのひとつとなっています。

近江兄弟社小学校での教員生活

新しい学年のスタート

いきなり六年生を担当し緊張した月日があっという間にすぎ、翌年は四年生の担任と決まりました。この学年は「授業の中で野球の盗塁練習をする活動的なクラス」と引き継ぎ事項にあり、記録を参考に指導案を練り対策を立てました。

その当時、近江兄弟社小学校では授業の始めや終わりのベルは鳴らされず、授業の始まりや終了時刻は、各クラスの自主制に任されていました。教室への出入りには他のクラスを妨げないような心構えや躾が大切な課題でもあり、思いやりを育てる機会でもあるという配慮からの措置でした。

保護者会も早急に開いて意見や情報を聞き、ご家庭からのご協力を要請して新しい学年のスタートです。


最初に試みたことは、勉強をしたくなる環境づくりが必要と思い、活発な児童たちに、学習意欲を喚起するような試みを始めました。当時から週五日制のこの学校では、土日が休みでした。休み明けの月曜日や、行事明けの日は、児童たちの気持ちが落ち着かないため、近くの山へ行き探険をしたり、かくれんぼ等をして体力の消耗を図りました。すると、「先生、もう学校に戻って勉強しょう」との声が出てきます。

こうした野外活動をした日の学習は効率的で一時限が過ぎても意欲は持続し、一部の子を把握して誘導すると直ぐに体勢が整ってきたのでした。

一ヶ月も経たない中にクラスは新たに流れが変わり、いろんな活動を積極的にすることができ、学校の内外でも驚くほどの活動が目立つようになってきたのです。

校内のゴミ箱の修理や渡り廊下の渡し板直しなど嬉しいニュースを耳にしたものです。

一方、日記を書くことを奨めた子が

「ある雨の朝、畑を見たら茄子の葉っぱが手を叩いて喜んでいた」

と詩を詠みました。

素晴らしい感性だと思い、すぐさま、毎日小学生新聞に投稿したところ、優秀賞に輝き全員に披露したものです。その子が中学卒業の日に、今まで続けて書いた日記の大学ノート五冊ほどを私に預けてくれたのですが、教師冥利な出来事でした。その後も続けていることを願っていますが、どうしているのでしょうか。

大自然に接し、自然の偉大さと神の恵みを知る

始業式が済み、活動しやすい季節が瞬く間に過ぎる頃、学園では、夏休みを利用して修学旅行の計画についての話題が浮上してきました。

満喜子学園長の「大自然に接することで、自然の偉大さと神の恵みを知る」構想に基づいて、一回生（一期生のことで学園ではこのように称していました）、二回生は、すでに、東京廻りの軽井沢、浅間高原コースを体験していました。そして本年は、太平洋沿岸の紀伊半島一周を四泊五日の日程で企画することとなりました。

下調べは私自身がしましたが、満喜子先生は常に、児童の自主性を重んじられるので、二学期に入ると下調べの資料を参考に、子どもたちに具体的な計画づくりの指導を始めたのです。見知らぬ土地への関心と興味が増幅し、子どもたちは図書館で本を借りたりしながら、旅行の栞《しおり》づくりに夢中になっていました。

運動会が済むと準備も本格的となりましたが、当時はいまだ食糧難だったので、

宿泊先へ各自が食べる分の米を家より持ち寄り学校から送ったものです。

三回生の修学旅行では、和歌山県南部《みなべ》の升崎外彦先生を訪ねて一泊しました。そこは賀川豊彦先生の依頼で升崎外彦先生が赴任され、労祷《ろうとう》学園を建てこの地に生涯を捧げられた所です。今もお孫さんが先生の遺志を継いで保育園を営み、土地の人々に貢献しておられます

升崎先生は北陸の金沢出身で、名刹として知られた寺院で幼少期を過し、長じて少年期後半から人生の悩みを抱かれてキリスト教に導かれた方です。外彦先生からは、ご自身が、武道の教師であった厳父に厳冬の時季に庭の池に投げこまれ、厚く張り詰めた氷に背中を割られたことから始まり、学園の様子のお話を頂戴しました。

なかでも、「アホ忠」と呼ばれて周囲から相手にされていなかった知的障害児

の勇気ある行動には子どもたちも深い感動を覚えていたようです。

この山本忠一という少年は、この村の子どもで生来の大食いと寝少便のため家族や身内も見放していたのでしたが、外彦先生は、少年を引き取って毎夜床を共にして導きました。ところが、何年か後に先生の元を無断で出てしまいました。その後、荷物を運ぶ機帆船に乗っていたことが判明したのですが、彼は残念なことにこの世を去っていました。彼が乗った船が座礁した時に開いた船底の大きな穴に自分の太ももを差し入れて浸水を防ぎ、身を犠牲にして多くの乗組員を救ったというのでした。

村人から「アホ忠」と呼ばれて相手にされなかった少年が自己の尊い生命をかけて他を救った話は旅をした子どもたちの何人かも覚えていると思います。

名所旧跡を学ぶだけの修学旅行ではなく。児童の自主的な計画の中に、常に心温まる出来事や、命の大切さ、博愛の精神などが学べる仕組みづくりは、常に満喜子先生ご自身の広いネットワークの中から導いてくださいました。

学園の外で実体験をしながら精神的な学びを多く取り入れた修学旅行でした。

私自身は、近江兄弟社学園のなかで、メレル先生、満喜子先生が意図する教育のあり方を自らの創意工夫を取り入れ、少人数の特徴を生かした授業の工夫を常に考えていたものでした。

避雷針と呼ばれる

近江兄弟社に採用していただいてから、独身寮に移るまでのあいだ、およそ三年近くの間、ご夫妻と同じ屋根の下で過ごせた私を、満喜子先生は身内のような感じをお持ちになっていました。嬉しいことでした。

ところが、親密さの中には、満喜子先生が遠慮なく苦言を呈する対象としての私もあったのです。何かにつけ私には、遠慮のない注意が多くなってきました。ほかの人に苦言を呈するようなシーンであっても、さも私が大きな失態をしているかのように

「安藤先生、三年生の子どもが廊下を走って音楽室に行こうとしているのに出会いましたが、何かあったのですか？　担任の先生はどうしておられたのでしょうか？」

「安藤さん、グランドピアノ近くで遊んでいる人がいましたが、怪我した子はいませんでしたか？　大丈夫でしたか？」

など、私が知らないことでもすべて、「安藤さん」、「安藤さん」と、いつも名指しで、注意を受けます。

それも週に一回開催される教師会の席上でのことです。同席されている担任の先生方への反省を促すために、いつも私にその矛先が向けられたのです。あまりにも頻繁だったもので、ついに私には、周囲の先生方から「避雷針」というあだ

名がついてしまいました。

担任の先生方からは、

「安藤先生、すみません。わたしのかわりにいつも安藤先生が標的になるのは申し訳ありません。以後十分注意します。先生が叱られるのを見るのは忍びありません」

というように、真犯人(?)からは後で謝罪の言葉を頂いたものでした。

私にとって、満喜子先生のそのような注意は、決して立腹するようなことではなく、むしろ、自分の子どもをしつけるような接し方をしていただけたことを感謝したものでした。はっきりと発言される満喜子先生ですが、結局遠慮なしにものをおっしゃることができたのは、私だけなのか、と少しは誇らしくも感じたものでした。

結婚そしてヴォーリズ家を離れる

妻幸子との縁を結んでいただいて

学園では、定期的に教師会が開催され、学園全体のこと、先生方の指導方針についてなどの協議を行っていました。ある日の教師会から、意図的に満喜子先生は、私の隣の席を空席にしておかれ、そこには必ず竹内幸子を座らせるように指示されました。

はじめは、どうした意味があるのか、気がつきませんでした。

昭和二十九年（一九五四）、私は、一時、独身寮に寄宿していた時期がありました。

こうした時に、

「安藤さん、竹内さん、次の土曜日に私の家まで来てください。安藤さんは十時、幸子さんは十時二十分に」

と告げられました。

竹内幸子は、私が満喜子先生宅で起居する前に、半年間満喜子先生から直接ご指導いただき、その後小学校に勤務していました。

そんな私たちが直接呼ばれるとは何だったのか。

一体何事か、私がなにか不都合なことをしたのだろうかと心配しながら、一柳家にお伺いしました。

ご指示されたように土曜日の十時にお伺いしたところ、リビングに通され、

「竹内さんがまもなく来るので、ここで待っていてください」

と言われるままに、彼女を待ちました。二十分後、彼女が来るや

「ドアは開けておきますので、お話が終われば、私を呼んでください」

結婚式当日　左が満喜子先生（1955 年 3 月 28 日）

という言葉を残して、満喜子先生は姿を隠されました。

同じ学校にいるとはいえ、竹内さんとは親密な付き合いもなかったので、なんということもない話をしていたと記憶してます。同様のことが二、三回続きました。


二人の間の話題は多くはなかったものの、次第に、お互いの心が通うようになり、結果、結婚を決めました。まんまと満喜子先生の誘導に引っかかった私たちでした。つまり満喜子先生が私たちの間を取り持ってくださったのでした。いつも、二人が一緒にご自宅に伺うことはなく、時間差でお伺いし、部屋に入るのは、二人別々で、しかもその部屋のドアは決して閉めることなく開放しておくように指示されました。

満喜子先生はたいそう潔癖な方だったので、私どもと同様に、ほかの教師へも縁を取り持つようにされたことがありました。ところが、その二人は満喜子先生の指示に反して揃ってうかがったことがわかり、結局頓挫したことがあります。その件は別として、満喜子先生の工作のおかげで、昭和三十年（一九五五）三月二十八日、私たちは一柳ご夫妻のご媒酌で結婚式を挙げました。

結婚後のささやかな茶話会もＹＭＣＡ会館で行うように手配くださり、長命寺での、新婚生活が始まったのでしたが、その住居の手配をいただいたり、本当に何かとお世話になりました。幸子は、結婚後は学校を離れ、ヤギの世話をしながら家庭を守る生活となりました。

結婚を期に、慣れ親しんだ一柳家を出ることとなりました。毎日の寝床のしつらえからは開放されたものの、和やかなリビングルームの団欒や安息日のメレル先生のピアノ演奏が聞けないなど少々後ろ髪を引かれる思いもありましたが、満喜子先生のご配慮に感謝しながら、新たな生活を歩みだしたのでした。

古長清丸氏に学んだメレル先生の書

メレル先生のバイブルクラスでの教え子の一人の古長清丸さんは、書家として大成された方です。

メレル先生は、一柳邸の日本間（一階リビングルーム奥の間）で、古長さんから「書」を習っておられました。メレル先生に関する書物でたびたび筆を手にした先生の写真が登場し、新年には書き初めをされている様子が紹介されていますが、折にふれ、ご自身の「書」を親しい人にプレゼントされたものです。

サインは丸のなかに点を一つ打ったもので、「近江八幡は世界の中心」というメレル先生の決意とも言える世界観を表しています。

光栄にも、私が結婚する時に「協」と書かれた書を頂戴しました。メレル先生らしく茶目っ気いっぱいに「協」の文字の右の力のわきにそれぞれ一番上に「神」と書かれ、下の左の「力」にはＳＨＥ、右の「力」にはＨＥと鉛筆書きで追記さ

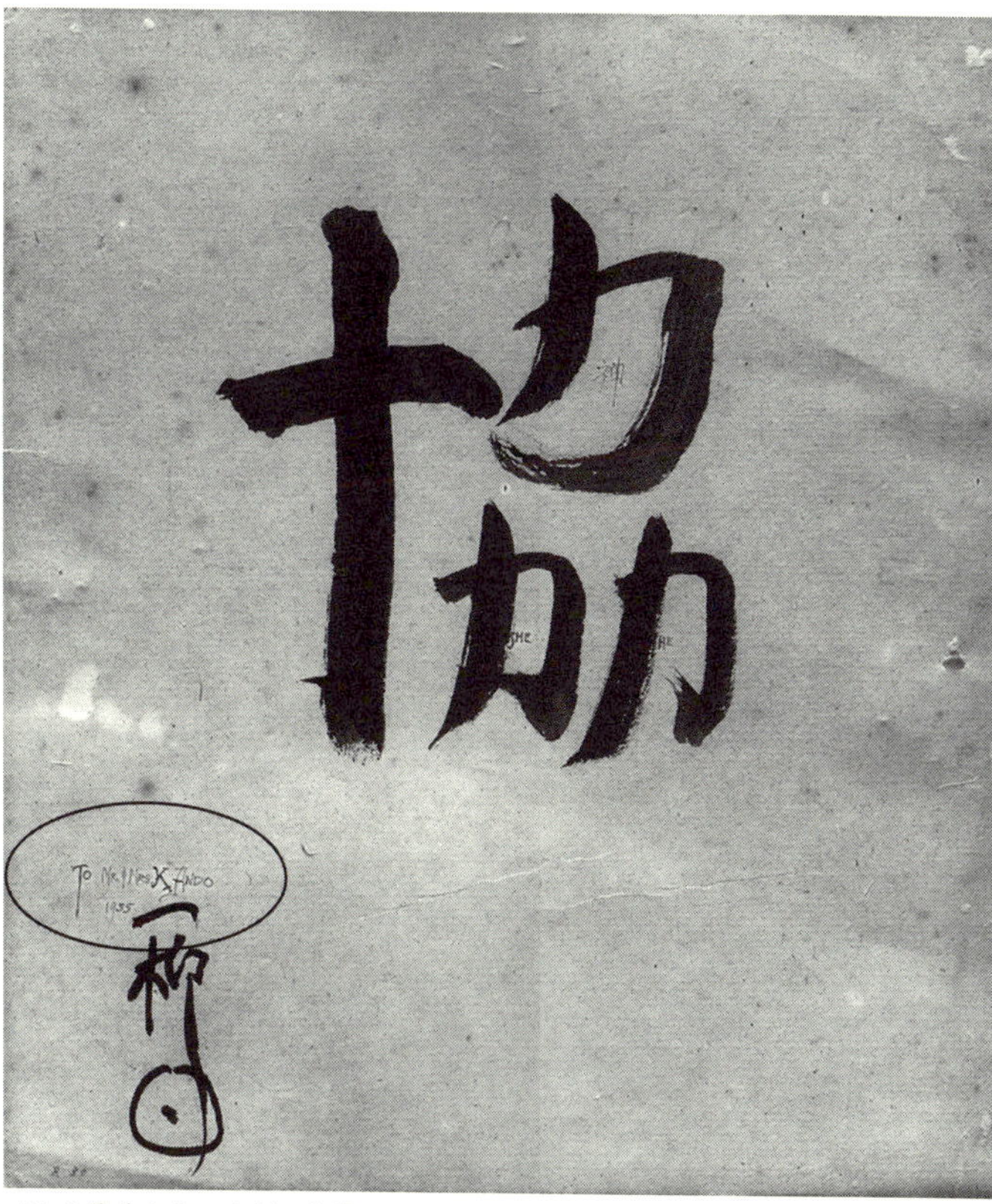

メレル先生からいただいた書

れ、「1955安藤に贈る」と小さく書き込んでくださっています。

私ども夫婦は神のもとで力を合わせて生涯暮らすことを願っていただいたものと思っています。

笑顔で、そっとくださったのでしたが、夫婦仲良く協力するようにとおっしゃったものと感じ、今もお二人の写真の横に掲げ、私の大事な宝物となっています。

初めて、メレル先生の書をご覧になった方は
「アメリカの先生がお書きになったのですか?」
と驚かれるのですが、近江兄弟社に掲げてある扁額はすべてメレル先生の直筆で、それぞれにご自身の思いが込められたものとなっているのです。

メレル先生の発病

昭和三十二年（一九五七）八月十四日、メレル先生ご夫妻は例年通りに、軽井沢で過ごされ、午後は、テニスコートで皇太子様らのテニスを見物されるなど、いつものように過ごされていたのでした。ところが、翌八月十五日、突然、メレル先生がクモ膜下出血で倒れられ、それ以来、声を発せられることはなくなりました。メレル先生七十六歳のことでした。

幾分涼しくなった十一月には近江八幡の自宅に戻られましたが、そのまま療養生活が続くこととなりました。

満喜子先生はメレル先生の側につきっきりの介護の生活が始まりました。学園の仕事を抱えながらも、満喜子先生の介護は献身的でした。交友範囲が広いメレル先生を見舞う人は引きも切らない状況で、満喜子先生は、見舞い客の応対だけでも大変な毎日となりました。メレル先生がベッドで僅かに微笑まれるようすを見舞い客に伝えられていたようです。メレル先生は倒れられる前に、ご自身のことをまるでわかっていたように、詩を残されています。

一つの選択

全く体がよわりきってしまったとき
ひとつ出来なくなることを選ぶなら
もし耳が聞こえ続けるのであれば
私は声がでなくなってほしい
ずっと続く静寂のなかで　考え　祈りたい
しかしあなたがいっていることを聞けないなら
私はあまりにも未完成であるだろう

メレル先生は、満喜子先生のことを思ってこのように書かれたのでしょう。病床では、満喜子先生がメレル先生に話されると顔を向けて微笑んでおられていたようです。現実は不幸な状況にありましたが、お二人にとっては、穏やかな時間が流れていたのかもしれません。

お二人とも皇族とのお付き合いも深かったのですが、三笠宮様がお見舞いに来られたのには、周囲のみんながびっくりしたものです。宮様は、天皇陛下のご名代で来られたのでした。合衆国と日本の戦争中、戦後はメレル先生は、大変難しいお立場であったものの、その後の日本復興に尽力されたこと、さらには満喜子先生が旧華族であることから天皇家とは深いご関係があったからです。三笠宮様は、その後、近江兄弟社学園後援会の筆頭発起人として、私たちの活動を全面的にご支援いただいています。

いつも仲良く、お互いを尊重しつつ、ご相談されながら、ここ近江八幡で信仰と事業と教育を自らの信じる方向に進めてこられたのでしたが、もう、満喜子先生が信頼して相談される方からの答えを引き出すことはできなくなってきたのでした。

妻へ再就職を懇願されて

結婚後、教職を離れて、娘たちの育児や家庭内の仕事に専念した妻、幸子のもとに満喜子先生が来られたのは、昭和三十六年(一九六一)のことでした。

ちょうど、小学校の存続問題で学園内が穏やかではなかった頃です。満喜子先生は、ぜひとも教職に復帰してほしいと懇願されました。教師の自宅を訪問されることなどほとんどなかった満喜子先生でしたが、ご自身の教育方針をより深く理解している教員の確保が必至とばかりに我が家を訪問されたのでした。

私たち夫婦を前にして、手をついて

「幸子さん、どうぞもう一度小学校に戻ってください。一年生の担任には、どうしてもあなたが必要なのです。智子ちゃんはまだ小さいので、私の家で頑張ってお世話しますから、どうしても、今あなたが必要なの、お願い」

と頭を下げられたのにはびっくりしました。

よほど満喜子先生は切羽詰まっておられたのでした。しかしそれ以上に、私どもへの、これほどまでのお気持ちを無二することは到底できず、ふたりは顔を見合わせ、二つ返事でお引き受けしたのでした。

その後、長女の美子、次女まゆみ、そして二歳になったばかりの智子とともに親子五人が揃って近江兄弟社学園に通う生活が始まりました。

朝、五人が揃って家を出るのは、誠に賑やかで、長女は徒歩でしたが、下の二人を乳母車に入れ、学園に向かいました。

お子様がなかったご夫妻にとって、三人の娘を孫のように可愛がっていただき、家族揃って外出したときに、偶然市中で出会ったときには、ご自身の肩からストールを外して「寒いでしょうから」と小さかった我が子にかけていただいたこともありました。

結婚後、新年の一月二日には、家族そろって、一柳家に新年のご挨拶に伺いましたが、このことは、満喜子先生の最晩年まで続きました。

校長として小中学校の存続に奔走

近江兄弟社学園の小中学校の定員は、各学年三十名だったのですが、授業料が公立に比べると高額であったことや、公立小中学校が学制施行によって充実してくると、入学者の募集が困難になってきていました。近江八幡という小さな町での募集だけでは到底、定員確保が困難となり、周辺地域への入学希望者の開拓が必要になってきていたのです。

そして校長になった翌年の昭和三十八年（一九六三）、戦後の日本高度経済成長期に差しかかってきた時代、物価の高騰は学園経営に大きな影響を及ぼし、奨学生制度の維持はおろか、教員の給与支払いまでもが困窮するなど、窮地に追い込まれるようになってきました。これまでは学園に必要な費用は、株式会社近江兄弟社からの格段の支援で成り立ってきたのでしたが、税制上の制度改正なども浮上してきて、たちまち学園運営に支障をきたす状況となってきました。

そして、ついに、昭和三十八年十月には、「近江兄弟社、幼稚園と高校を残すが、小中学校は閉鎖」との記事が報道されました。ここに、満喜子先生は悲壮なお気

持ちで、

「米来留《めれる》の発病以来、教育指導者をなくした上、近江兄弟社の産業部の援助も税制の上からも無制限というわけにはまいらない事情になりました。一方、国の義務教育に対する経済援助も充実し、道徳教育の研究もされるようになり、微々たる力で私立学校を続けるより、この期間の教育は国にお任せしたほうが良いという結論になりました。今後は幼稚園と高校を継続して近江兄弟社学園独特の人間教育を推し進めていきたい」

との談話が掲載されました。

メレル先生は、軽井沢で倒れられて以来、いつも満喜子先生のお傍におられるとはいえ、満喜子先生は何一つご相談することもできない中、さぞ辛い選択であったことだと思います。決して本心からのことではないと思ったのでした。しかし、事情は満喜子先生の言葉通りだったのです。

しかしこの報道後直ちに、近江兄弟社学園ＰＴＡや同窓生の間で、湖畔の誇りある学園を守り育てようとの熱意が波及して、学園理事会をも動かす勢力となって、ひとまず次年度の小中学校の生徒募集を中止することは回避できました。

ところが、定員を確保することが大変な問題としてまだ残されています。私ができることは翌年の入学希望者の募集を定員に達成させることだと強く心に誓ったのです。

スクールバスの運行へ

幸いにも、この年、当時オートバイメーカーだった「ホンダ」が、中学校の技術家庭科の教材としてオートバイを寄贈してくださっていました。私は、早速に、それを一台借り受けることにしました。授業が終わるとバイクに跨がり、定員充足の目的で通学範囲の目ぼしい家庭を片っ端から訪問し勧誘を始めたのです。

家に帰るのは夜十時頃が常で、冬の夜道を走るから腰や膝が冷えて寝られないことが度々でした。それでも、学園存続の危機を乗り超えるのだという固い決意の中で必死の思いだったのです。

あるご家庭を訪れた時のことです。

「お話はよくわかりました。しかし近江兄弟社までの通学が問題です。先生のお子さんも電車やバスを乗り継いで通わせますか?」

との言葉が返ってきました。ちょうど日野町まで来ていたときのことでした。帰る途中にもその言葉が気になってしかたありません。そして、翌朝、わが家の子どもたちの顔を見た途端に

「そうだ! スクールバスの方法がある」

と気付きました。そして早速に、その日の午後、当時の学園全体のPTA会長さんであった深井先生を突然にお訪ねして

「実は、……で小学生の通学にお力をお貸しください」

と、おそるおそるお願いしたのです。会長さんはしばらく目を閉じて考えてお

られましたが
「よし、わかった。力になろう。学校は潰してはいかん。何とかしよう」

と明るい声で胸を張ってお答えくださいました。涙が出るほど嬉しいお返事です。ところが問題は解決したわけではありません。

「車の手配は考えるとして運転する人と子どもの世話の人が必要やね」と話が進みました。課題は残るものの、「やった！」と思わず独り叫び家路を急いだものでした。

『真実と熱意に人は必ず動いてくださる』

半月ほどして深井会長が
「バスの手配は済んだ。新車が来るまでは中古車を使う。運転は知人が快く引き受けてくれたので安心しなさい」

なんと運転手は父兄の宮川さんがボランティアでお引き受けいただいたのです。

まだ当時運転免許をもっている人が多くない時代です。宮川さんのご厚意には頭が下がりました。

さあ、準備はできた。それ急げとばかりに、その日の中に、スクールバスが走るコースと時刻と停車する場所の検討を始めました。

なんとしても学園存続への道を切り開きたい、との思いが通じたのだと嬉しくなり、満喜子先生のところに走って行きました。

「安藤さん、ありがとう、ようやく人を集める方法が開けたのね」

と大変お喜びいただき、スクールバス運行をご承認いただきました。

運行開始までの準備は大変でしたが、明るく、喜んでくれるであろう子どもたちの顔を思い浮かべて本格的な準備のために、再びバイクを走らせて停留場所と運行時刻の具体的な地図を作りました。

運行開始当日の朝、六時に出勤して運転してくださる父兄を待つ間に、バスの点検と準備を済まし、七時に車掌として乗車し出発しました。午後は授業を終え

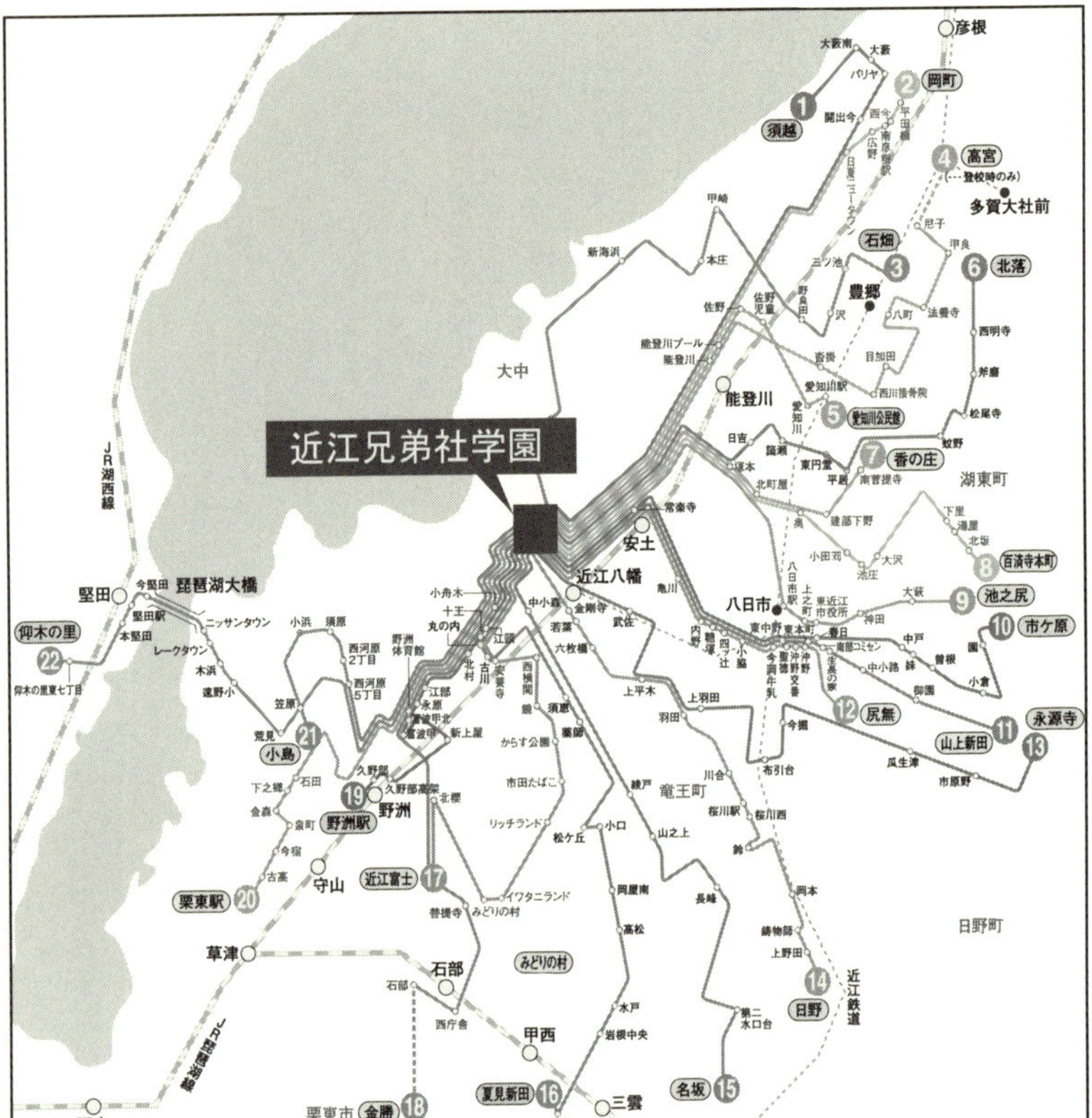

現在の近江兄弟社学園のスクールバス運行表

るとバスに乗車、帰校後はその日の記録付けと残務整理、翌日の準備と、けっこう一日が忙しく瞬く間に時間が過ぎ去ります。

せっかくバスを動かすからには、幼稚園にも呼びかけて児童、園児を同乗させることにしました。これには、ご父兄からも大歓迎で、バス利用の子どもたち同士の交わりが生まれ、これまで以上に子どもたちの連帯感が生まれたようになりました。

スクールバスの運行により、遠隔地から応募する人もあり、小中学校閉鎖の危機は、幸いにもＰＴＡや各界のご尽力によりまぬがれました。そして滋賀県下で唯一、幼少中高一貫教育事業として存立しています。この現実を見るとき、当時の満喜子先生の苦悩を忘れてはならないと思うのです。

その後も数の増減はありますが、小中学校の閉鎖問題は再び燃え上がらなく、スクールバスは今も健在で運行しています。

メレル先生の召天

学園の小中学校閉鎖問題がようやく一段落した翌年、入学志望者も予定数に達し、関係者の皆さんがひと安心した矢先、昭和三十九年（一九六四）五月七日、軽井沢で倒れられたメレル先生は、七年間、無言のまま静かに、天に召されました。この七年間、満喜子先生にとっては、メレル先生が傍におられるとはいえ、大層辛い時期だったことでしょう。

結局、メレル先生は何も話されることなく、八十四歳六ヶ月で天に召されました。

メレル先生は、倒れられた翌年の昭和三十三年（一九五八）に近江八幡市名誉市民第一号に称されていましたので、葬儀は、近江八幡市と近江兄弟社の合同葬として行われました。兄弟社関係者にとっても、近江八幡市民にとっても、大変大きな悲しみでした。メレル先生は、八幡山山麓の「恒春園」に永遠の眠りにつかれることとなったのでした。

この葬儀では名誉なことに、メレル先生の柩《ひつぎ》を担がせていただくことができ、先生との思い出がこみ上げるなか、一歩ずつ歩を進めたものでした。

琵琶湖畔に息づくヴォーリズ夫妻の志

満喜子先生、学園長職を離れる

学園の小中学校閉鎖問題が一段落して安堵したのも束の間、翌年にはメレル先生が昇天され、学園内部はなにか大きな礎を失った寂しさと、志が異なる人々との溝が次第に深まってきたような時期でした。私も小学校をあずかりながら、必死でメレル先生や満喜子先生は、こんな時どうされるかを模索しながら足を踏ん張ったのでしたが、経済成長時代の中、初心の貫徹は難しくなってきました。

昭和四十一年（一九六六）、満喜子先生は学園理事長代行から理事長になられました。前年には、長年の教育事業が、社会的に大きな評価を受け、地域社会の文化向上に寄与したことによって、勲四等瑞褒章を授章されています。満喜子先生への評価が高まる一方で、少し寂しそうな満喜子先生のご様子に大変心が痛みました。しかし、時代が大きく変化していることは仕方ないのかもしれません。

理事長就任後は、現場で指揮することはなく、今まで兼任されていた各校の責任もそれぞれに後進に譲る立場になられました。

私にとっては、少なくとも、幼小では先生の教育理念の継続を願い、さらに「教育は三つ子の魂で小さい時が大切」という先生のお気持ちをさらに推し進めたいとの思いもありました。

したがって、現場に先生のお顔を見せられないことは、先生の教育理念を一層推進するためになんとも心もとない思いになり、たとえわずかな機会をも捉えて、先生が現場に姿を見せていただく機会を持ちたいものだとの思いから、状況を見過ごしにはできず、性急に、先生宅に押しかけました。

「事情はよくわかります。先生のお立場についても、またご無理を申し上げるということもよくわかっています。それでも、せめて、月曜日の朝の全校児童へのお話と、教師会へのご出席をお願いできませんでしょうか?」

随分、ご無理をお願いしていることは承知でしたが、懸命に先生のお顔を伺いながらお願いしたのです。

いつもは素早く判断される満喜子先生ですが、このときばかりは、かなりの時間、思いを巡らしながらお考えになっていたようで、なかなか、お返事がいただけません。

ようやく、ゆっくりと顔をあげられ、

「そうね、私が一番気にかけているのは、幼児教育ですもの。この現場にだけは、出掛けることにしましょう」

と引き受けてくださいました。

この時すでに八十歳を越えておられましたので、いつまでも頼っているばかりではいけないと自重してはいたのですが、やはり現場において満喜子先生の存在は、まだこの時点では大切だったのです。

満喜子先生との別れ

昭和四十四年（一九六九）満喜子先生もついに昇天される日がやってきました。学園の生徒が最期のお別れをし、近江兄弟社葬により、メレル先生と一緒に恒春園で今も眠っていらっしゃいます。光栄にも満喜子先生の柩も担がせていただき、心よりのお別れをすることができました。最初に出会った時から、お互いに生涯の伴侶と望まれた仲であり、ご苦労も共に信仰のなかに越えられたご夫妻だったと感じ、私たちには父母のような存在でした。

ご一緒に先生のお宅から学園への出勤時には、門を出ると八幡山の頂上を指さし「目標は高く、望みは大きくよ」と教えてくださり、メレル先生も散歩や会社

妻と３人の娘たちとともに

への出勤時には私と腕を組んで歩いてくださり、お二人の温もりは今も感じます。近江兄弟社の創立者、学園の創立者としての思いだけでなく、私の心には親への敬慕と同じ思いがします。

私は、お二人を本当の父であり、母であると今でも思っております。生まれながらに親族との縁が薄い人生を歩んできた私にとって、様々なところで、実の母のような満喜子先生の慈悲に支えられてきました。

お二人のご命日が奇しくも同じ七日なので、その前後の日に納骨して在る恒春園にお参りをして、受けたご恩を感謝しております。

お二人の菩提を弔う

今年の二月七日、少し足が弱くなった私を案じてくれる娘と共に、恒春園に出かけたのでしたが、入口で初老のご夫婦が中を覗き込むようにされていました。

事情をお聞きすると、メレル先生を大変敬愛されている方で、その日は金沢からおいでになったとのことでした。

「誰でもが、ご夫妻にご挨拶できます」

とお二人を誘導して、一緒にご夫妻の墓前に祈ったのでした。メレル先生はお亡くなりになって既に五十年が経っていますが、全国に全世界に多くの方が、先生を慕っている人が多いことに驚かされます。

私はクリスチャンでしたが、メレル先生、満喜子先生の菩提をどうしても弔いたいという気持ちから、仏教寺院である「真如苑」にご縁を求めて、ひたすらご夫妻の菩提を弔っているのです。

「他の為に尽くせしことは忘れても、受けしご恩は忘るべからず」

と、これは真如苑創立者伊藤真乗先生のお言葉ですが、残る人生をこのように過ごしたいと思っております。

満喜子先生が昇天された後、昭和四十六年（一九七一）に私は近江兄弟社学園を退職し、株式会社近江兄弟社に転職しました。

ご夫妻が「この人を育てよう」とお考えになった時には、厳しくてもお心の奥底に流れる慈しみが感じ取れました。多くの方々の心の中には、先生方の印象として厳しさや怖さのみが残っている人たちもあるようですが、ご夫妻の本当の心や想いを語ることは、親しく接しお仕えした者でなければ不可能に近いかもしれません。多くの先輩方が先生ご夫妻について記した文章に感動するのも、久しく両先生にお仕えされた実績があり、その語る言葉の中に真実が宿っているからだと思います。

残念ながら、その後、関連事業体である株式会社近江兄弟社は倒産の憂き目に会いましたが、社員一同の努力によって再建でき、学園も甲子園出場を果たすなど元気な活動を見せてくれています。近江兄弟社学園の歴史の一部にかかわっただけではありましたが、わずか二年余りの間、メレル先生、満喜子先生とご一緒にお住まいしたことが、私の人生で大きな財産となりました。さらには子どもたちの教育にも大きな影響を及ぼしました。まだまだ私が語り継がねばならないこともあるでしょうが、このぐらいでペンを置くこととしましょう

メレル・ヴォーリズと満喜子の年譜

西暦	元号	メレル、満喜子	安藤清など
一八八〇	明治 十三	メレル誕生	
一八八四	十七	一柳末徳栄子夫妻の三女として満喜子誕生	
一八八九	二十二	満喜子、ミッション幼稚園に入園	
一八九一	二十四	女子高等師範学校付属小学校に入学	
一八九六	二十六	満喜子が九歳の時に、母栄子が他界	
一九〇三	三十三	兄の三人の娘の家庭教師となる	
一九〇五	三十八	メレル、滋賀県立商業学校英語教師として赴任	
一九〇六	三十九	満喜子、神戸女学院音楽部ピアノ科に入学	
一九〇七	四十	メレル、キリスト教伝道を理由に解職 八幡キリスト教青年会館が完成	
一九〇八	四十一	メレル、京都に建築設計事務所開設 満喜子、神戸女学院卒業、日本女子大で助手となる	
一九〇九	四十二	満喜子、渡米	
一九一〇	四十三	ヴォーリズ合名会社設立 メンソレータム（現・近江兄妹社メンターム）の日本販売権を得る 満喜子、ブリン・マーで洗礼を受ける	
一九一二	四十五	メレル、『湖畔の声』創刊	
一九一七	大正 六	メレル、満喜子の出会い（広岡家）	

一九一八	七	近江療育所開所、伝道船「ガリラヤ丸」進水	
	八	メレル・満喜子結婚	
一九二〇	九	プレイグラウンド開設	
一九二二	十一	池田町五丁目に空家を購入、清友園と名づけ保育事業を開始	
一九二三	十二	軽井沢で英語学校を始める	
一九二七	昭和 二	メレル、軽井沢会の副会長に就任	
一九二九	四	湖畔国民高等学校を開設、満喜子家政学を担当	一月二十七日、著者安藤清誕生
一九三〇	五	メレル、コロラド大学より名誉法学博士号を授与	
一九三一	六	メンソレータム八幡工場完成、ハイドの寄付を下に園舎を新築	
一九三三	八	近江勤労女学校開設、向上学園を開設	
一九三四	九	近江ミッションを近江兄弟社に改称	
一九三五	十	近江家政塾の校舎完成	浦谷道三、同志社卒業
一九三七	十二	ヘレン・ケラー女史、兄弟社訪問	西川吉之助死去
一九三八	十三	メレルと満喜子渡米	吉田悦蔵死去
一九三九	十四	近江兄弟社教育研究所設立 幼児教育専攻部開設	
一九四〇	昭和 十五	近江兄弟社図書館開設	

一九四一	十六	財団法人近江兄弟社に メレル日本に帰化、満喜子復籍し、一柳満喜子に 軽井沢幼稚園園長となる	
一九四二	十七	高松宮殿下、近江兄弟社訪問 戦時体制下、二人は軽井沢へ幽閉	
一九四四	十九	一柳建築事務所解散、一粒社設立	
一九四五	二十	終戦で軽井沢からもどる、近江療育園	
一九四六	二十一	満喜子、滋賀県教育委員に就任（〜一九四八）	
一九四七	二十二	メレル・満喜子天皇陛下に謁見	
一九四八	二十三	満喜子、幼稚園長、小学校長、中学校長、高校長	
一九五一	二十六	学校法人「近江兄弟社学園」設立、満喜子学園長に 清友園、近江兄弟社幼稚園に改称	
一九五二	二十七	満喜子、近江八幡市教育委員就任（〜一九五四）	安藤清、近江兄弟社学園に着任
一九五三	二十八		メレルに随行して軽井沢へ
一九五四	二十九	メレル・満喜子渡米、メレル藍綬褒章授章 近江八幡市誕生	
一九五五	三十		三月二八日安藤、幸子と結婚
一九五七	三十二	メレル、クモ膜下出血で倒れる	西川はま子死去
一九五八	三十三	メレル、近江八幡市名誉市民第1号に	
一九五九	三十四	満喜子、教育功労者文部大臣表彰	

一九六一	三十六	メレル、黄綬褒章授章、一粒社ヴォーリズ建築事務所設立	
一九六二	三十七		安藤清、小学校長に就任
一九六三	昭和三十八	小中学校閉校問題浮上	
一九六四	三十九	メレル昇天 満喜子、近江兄弟社学園理事長就任	
一九六五	四十	満喜子、近江兄弟社取締役会長 満喜子、勲四等瑞宝章	
一九六六	四十一	満喜子、財団法人近江兄弟社理事長就任	
一九六七	四十二	満喜子名誉学園長、後任に浦谷道三が学園長に	
一九六九	四十四	満喜子昇天 近江兄弟社学園九〇周年	
一九七一	四十六		安藤清、近江兄弟社学園退職 株式会社近江兄弟社へ

あとがき

今年、平成二十六年(二〇一四)はメレル先生没後五十年となります。この記念すべき年に、今まで書きためてきた拙文を本にまとめることができました。これはひとえに、今まで接し得た多くの方々のご好意のおかげと思い、深く感謝申し上げます。また、この本にすることへの扉を開いてくださったエフワンオンダの恩田勇一郎様と、サンライズ出版の岩根順子社長のご指導をはじめ、みなさまのおかげと重ねて感謝申し上げます。

昭和二十七年(一九五二)十一月に初めてメレル先生と満喜子先生お会いした時から、私の新しい人生が始まりました。

お二人は私を「二人の子どもとして育てます」とおっしゃり、私もお二人を師であり親として信じてお仕えしてまいりました。そうしてお二人に接し得た多くの事柄を遺したい思いから、この本が誕生いたしました。

八十五歳となった今、この本を出すにあたり、自分の人生を省みることができたとともに、一柳先生ご夫妻にお会いできたことに、感謝を捧げたい気持ちでいっぱいです。

この本のカバーの写真を見た時は一瞬、心と身体が震えるのを覚えました。もったいなさと畏れ多い気持ちからでした。しかし冷静に考えると、両先生を本当に知る人は意外と少なく、両先生のご威徳に触れた人も少ないのではないかと思った時に、両先生の慈愛あふれる写真の表情から私たちに語りかけておられる心を受け継ぎ、自己の生涯の糧としていただき、世のため他のために捧げていく心を持っていただいたならば、両先生はお喜びくださると思いました。

お二人の心に己が心が逸れることなきことを念じております。

平成二十六年三月

安藤　清

■著者略歴

安藤　清（あんどう・きよし）

1929年滋賀県生まれ。名古屋中学、名古屋学院、滋賀県立短期大学教育学部卒業後、株式会社京商を経て、1952年、近江兄弟社学園小学校教諭に着任。ヴォーリズ夫妻邸（現ヴォーリズ記念館）に移り住み、２年余ともに生活。軽井沢ではヴォーリズの秘書を務め、1962年、小学校校長に就任。1971年、近江兄弟社学園から株式会社近江兄弟社に移籍。退職後、ケイオー歯科（現松橋歯科）事務長を経て現在に至る。近江八幡市在住。

目標は高く 希望は大きく
―ヴォーリズ先生ご夫妻に育てられて―　別冊淡海《おうみ》文庫21

2014年５月20日　第１刷発行　N.D.C.289

著　者　安藤　清

発行者　岩根　順子

発行所　サンライズ出版株式会社
〒522-0004 滋賀県彦根市鳥居本町655-1
電話 0749-22-0627

印刷・製本　シナノパブリッシングプレス

ISBN978-4-88325-176-6　Printed in Japan　定価はカバーに表示しています。
乱丁・落丁本はお取り替えいたします。

淡海文庫について

「近江」とは大和の都に近い大きな淡水の海という意味の「近（ちかつ）淡海」から転化したもので、その名称は「古事記」にみられます。今、私たちの住むこの土地の文化を語るとき、「近江」でなく、「淡海」の文化を考えようとする機運があります。

これは、まさに滋賀の熱きメッセージを自分の言葉で語りかけようとするものであると思います。

豊かな自然の中での生活、先人たちが築いてきた質の高い伝統や文化を、今の時代に生きるわたしたちの言葉で語り、新しい価値を生み出し、次の世代へ引き継いでいくことを目指し、感動を形に、そして、さらに新たな感動を創りだしていくことを目的として「淡海文庫」の刊行を企画しました。

自然の恵みに感謝し、築き上げられてきた歴史や伝統文化をみつめつつ、今日の湖国を考え、新しい明日の文化を創るための展開が生まれることを願って一冊一冊を丹念に編んでいきたいと思います。

一九九四年四月一日